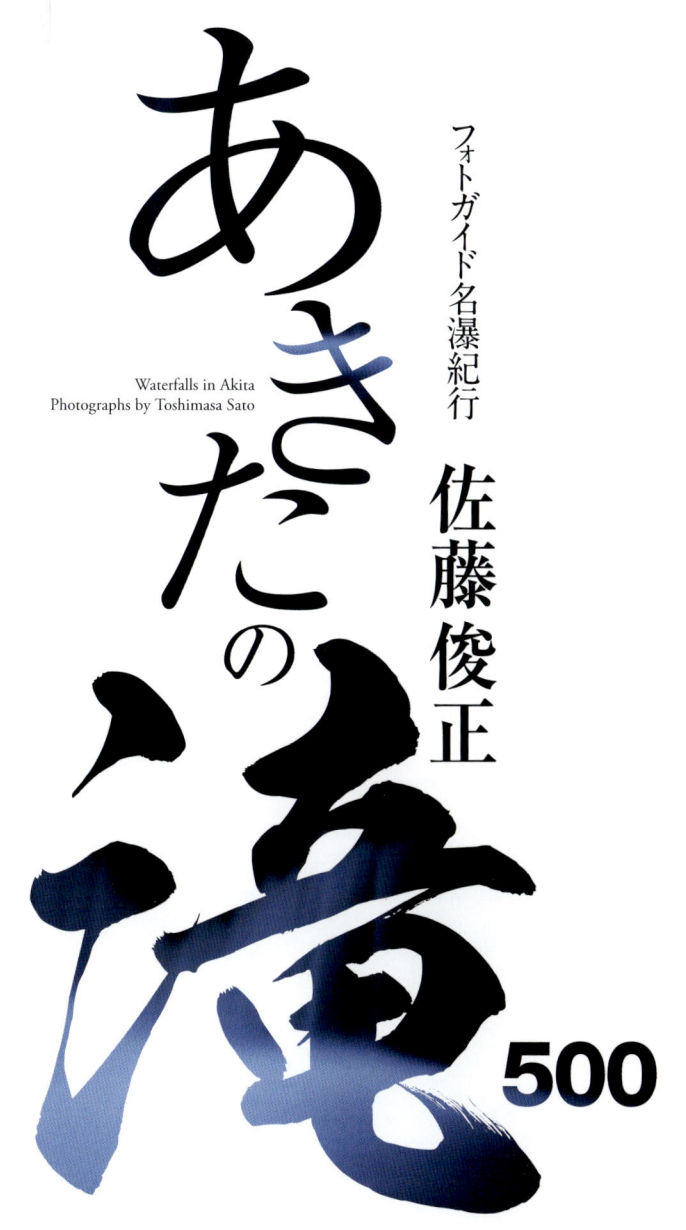

あきたの滝 500

フォトガイド名瀑紀行

Waterfalls in Akita
Photographs by Toshimasa Sato

佐藤 俊正

はじめに

滝に魅入られて30年の歳月が流れようとしています。

最初は名前の付いた滝を、次は滝マークの付いた滝を、そして地図上で等高線の込んでいるような場所を探しながら滝を撮り続けてきました。

現在、秋田県内の滝870余りを撮ったことになります。

しかし秋田にはまだまだ多くの滝があります。多分この2倍から3倍ぐらいの滝があると思われます。

今回は870の滝の中から、以前出版した「あきた滝300」に載せた滝100と新しい滝400を加え「あきたの滝500」として出版するものです。

滝へのアプローチには本書の中に書いてある難易度やアドバイスなどを参考にしながら、決して無理のない安全で快適な滝めぐりを楽しまれますようお祈りいたします。

滝めぐりに必要なもの

■ 難易度1、2、3の場合
トレッキングシューズ又は長靴(遊歩道等がない場合、スパイクの長靴がベター)
クマよけの鈴
雨具

■ 徒渉(としょう)がある場合
ウェーダー、ウェーディングシューズ(一体型もしくは分離型)
※石や岩でも滑らないフェルト底

■ 難易度4、5の場合
ヘルメット
テーピング(怪我をしたとき固定する)

■ 山中に泊まる場合
テント、シュラフ、炊事道具、ランタン、着替え、雨具、防寒具、洗面道具、食料、飲料

■ 滝を撮影する場合
カメラ、レンズ、三脚、レリーズ
※スローシャッターで撮影する場合は必ず三脚とレリーズが必要

表記メモ

■難易度
　難易度1　車を降りてすぐに行ける
　難易度2　歩く距離が短く、遊歩道等がある
　難易度3　歩く距離が長く遊歩道等がある。又は歩く距離はあまり長くないが徒渉等がある
　難易度4　歩く距離が長く、徒渉等がある
　難易度5　歩く距離がかなり長く、危険な個所もある

■路程表
　車のトリップメーターで測った距離で1km単位にしているが、あくまで目安に。路程表にあるカッコ内の距離は累計数字

■徒渉と徒歩
　徒渉は川の中を歩くこと、徒歩は川に入らないで遊歩道などを歩くことで区別している

■地図上の滝マーク
　地図上にある滝マークの数と写真の数は一致しない

■右岸、左岸
　上流から下流に向かって右が右岸、左が左岸

■ゴーロ
　大きな岩が積み重なって続いている一帯

もくじ CONTENTS

〈巻頭カラー〉
黒滝 ……6
桃洞の滝 ……7
二天の滝 ……8
元滝伏流水 ……9
銚子の滝 ……10
打当内沢の滝 ……11
安の滝 ……12
奈曽川支流の滝 ……13
鳥越川の滝 ……14〜15

県北の滝

小坂町
十和田湖西湖岸 ……18
七滝・黒滝 ……19

鹿角市
浦志内沢 ……20
中屋布沢・堀内川 ……21
安久谷川 ……22
大湯川 ……23〜25
夜明島渓谷 ……26
岩谷沢・栗根沢 ……27
長滝沢 ……28
中ノ沢・高石沢 ……29
長部沢 ……30〜31

大館市
中滝・大茂内沢 ……32
岩瀬川 ……33
平滝・カッチ東ノ又沢 ……34〜35
泊滝・沼沢 ……36

藤里町
銚子の滝 ……37
小比内沢 ……38
桧原沢 ……39
内川・滝ノ沢 ……40
東又沢 ……41

八峰町
水沢川・一ノ又沢 ……42
上山内沢 ……43
黒滝・一ノ又沢 ……44
三ノ又沢 ……45

能代市
大柄の滝・女滝 ……46〜47

北秋田市
下滝ノ沢・大滝沢 ……48
連瀬沢 ……49
千本杉沢 ……50
赤水沢・九階の滝 ……51
桃洞沢 ……52〜53
小又峡 ……54〜55
六郎沢・土川・魚の沢 ……56〜57
冷水沢 ……58
小様川本流・一ノ又沢 ……59
荒瀬川 ……60
小岱倉沢支流様ノ沢 ……61
早瀬沢 ……62
戸鳥内沢・打当内沢 ……63
小黒沢 ……64
安の滝・立又渓谷 ……65
金兵衛・平滑の滝 ……66〜67
繫沢・志渕内沢・大繫沢 ……68

上小阿仁村
萩形沢中流 ……69
萩形沢上流 ……70
高穀沢 ……71

中央の滝

五城目町
大倉又沢 ……72

秋田市
軽井沢 ……74〜75
箆沢・赤倉沢 ……76
深木沢 ……77
井出舞沢 ……78
朝日又沢 ……79
小又川 ……80〜81
……82〜83

はじめに ……………………………… 2
滝めぐりに必要なもの ……………… 3
秋田県ロードマップ ………………… 16
表紙等の写真について ……………… 154
索引 …………………………………… 156
道路情報など ………………………… 158
お問い合わせ先一覧 ………………… 159
あとがき

〈コラム〉
地域環境の変化 ……………………… 20
UFO …………………………………… 57
ツキノワグマ ………………………… 72
限界集落 ……………………………… 99
スズメバチ …………………………… 121
回帰本能 ……………………………… 144
備え …………………………………… 153

県南の滝

由利本荘市
大内三階の滝・赤田大滝 …………… 84
不動滝・子吉川源流 ………………… 85
鶯川 …………………………………… 86〜87
檜山滝・法体の滝・穴滝 …………… 88
三条の滝 ……………………………… 89
赤沢川右支流 ………………………… 90〜91
赤沢川左支流 ………………………… 92
丁川右沢 ……………………………… 93
丁川上流・田倉の滝 ………………… 94
小火沢 ………………………………… 95
大火沢・杉倉沢 ……………………… 96〜97
甑川 …………………………………… 98
笹倉の滝 ……………………………… 99

にかほ市
元滝 …………………………………… 100
奈曽川 ………………………………… 101
谷櫃沢 ………………………………… 102
赤川・鳥越川 ………………………… 103
白雪川 ………………………………… 104

大仙市
川口渓谷 ……………………………… 106
小滝川 ………………………………… 107
小堀内沢・真木渓谷 ………………… 108〜109
七瀬沢 ………………………………… 110〜111
袖川沢 ………………………………… 112
滝倉沢 ………………………………… 113
協和三滝・白糸の滝 ………………… 114
南外不動滝・旭滝 …………………… 115

仙北市
中ノ滝・二天の滝 …………………… 116〜117
大沢・中ノ又沢 ……………………… 118〜119

美郷町
芦名沢 ………………………………… 120
戸瀬滝ノ沢・柳沢 …………………… 121
棚白沢 ………………………………… 122
上五十曲沢 …………………………… 123
大深沢中流域 ………………………… 124〜125
大深沢源流部 ………………………… 126〜127
石黒沢 ………………………………… 128
部名垂沢 ……………………………… 129
シトナイ沢 …………………………… 130
大平沢・六枚沢 ……………………… 131
長沢・黒沢 …………………………… 132

横手市
水沢・大浅沢 ………………………… 133
向沢 …………………………………… 134〜135
大又沢 ………………………………… 136

東成瀬村
七滝・不動滝・大倉沢 ……………… 137
明通沢・大深沢 ……………………… 138
十賊沢 ………………………………… 139〜140
不動滝・合居沢 ……………………… 141

湯沢市
小安沢 ………………………………… 142
小安峡 ………………………………… 143
小鳥谷沢 ……………………………… 144
大湯沢 ………………………………… 145
小田代沢 ……………………………… 146
大滝沢 ………………………………… 147
ツブレ沢 ……………………………… 148
黒滝沢 ………………………………… 149
西ノ又沢 ……………………………… 150〜151
大湯滝・板井沢 ……………………… 152〜153

黒滝
八峰町八森中ノ又沢にある滝で、その名の通り真っ黒な岩肌を霧のような流れが被う。

桃洞の滝

北秋田市森吉にある滝。青色に浮かぶ滝、そして上空に流れる星の軌跡。昼には見られない光景が映し出される。

二天の滝

仙北市田沢湖湯渕沢にある滝。落差約50メートルの垂直に聳える滝は天を衝くような大きなスケールである。

元滝伏流水
鳥海山の伏流水が滝になり流れ落ちる。苔むした岩と靄がかかる光景が幻想的である。

銚子の滝

藤里町湯ノ沢温泉の裏にある滝。黒い断崖から流れ落ちる一筋の流れとともに、白と黒の中にぽっかりと顔を覗かせる青い空が印象的である。

打当内沢の滝

北秋田市阿仁打当にある沢で、断崖から迸る水が陽光に照らされ、感動的なシーンをつくり上げている。

安の滝

北秋田市阿仁中ノ又沢にある日本の滝100選に入る屈指の名瀑である。夜の撮影はシャッタースピードと絞りが難しいが、写真は絞り5・6、シャッタースピード10分で撮ったものである。

奈曽川支流の滝

鳥海山から流れ出る奈曽川の支流にある滝で、繊細な流れに斜光線が当たり、インパクトのある光景をつくり出している。

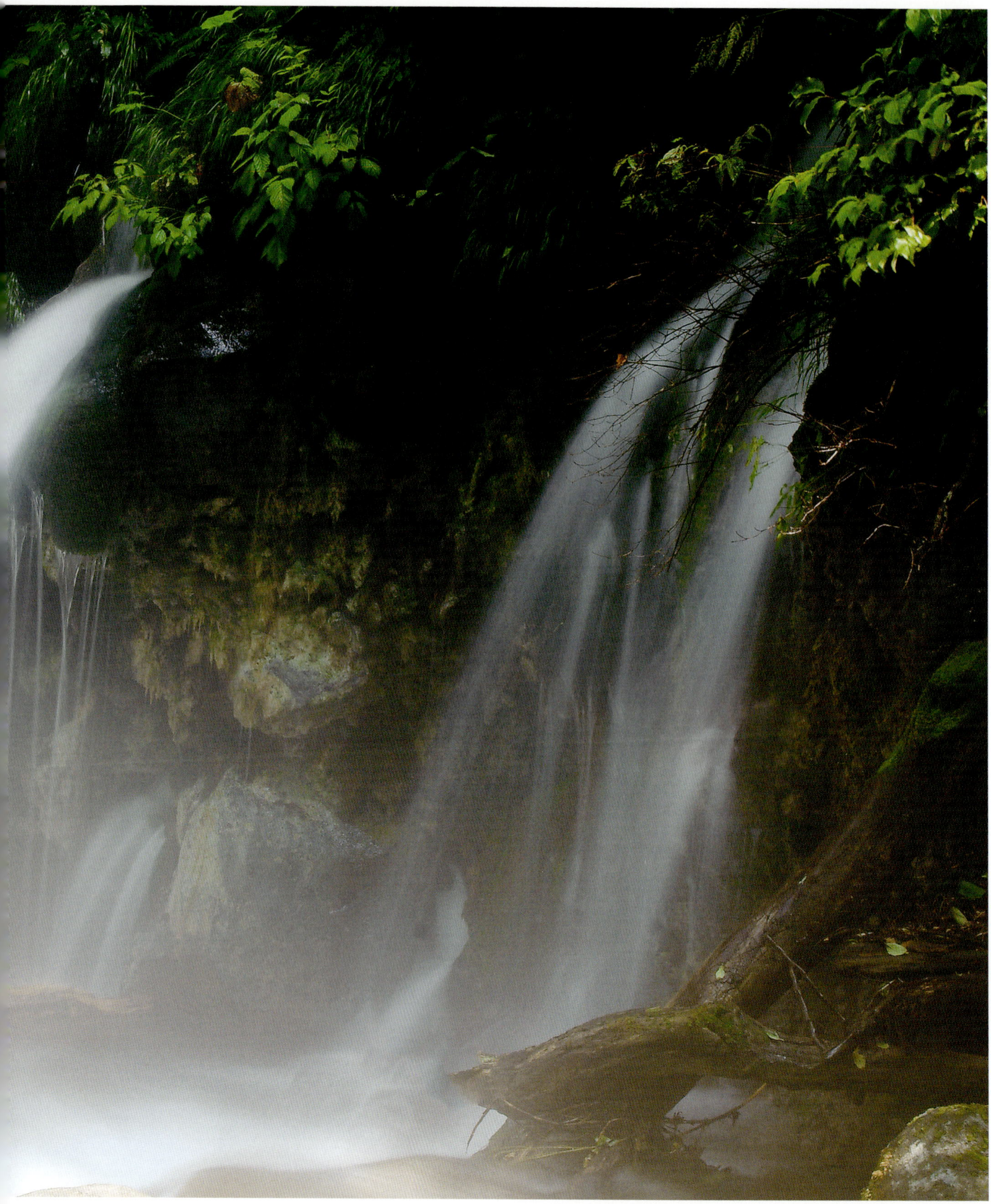

鳥越川の滝

　にかほ市象潟町中島台にある滝で、夏に行くと外気温と水温の差がつくり出す靄が辺りに漂い、幻想的な雰囲気に包まれている。

秋田県ロードマップ

※このマップ上の道路から各ページの「路程表」等へと続く

■秋田市から二ツ井町まで
国道7号線を通り約120分、高速で約80分

■秋田市から大館市まで
国道285号線を通り約120分

■秋田市から小坂町まで
大館市を通り約160分

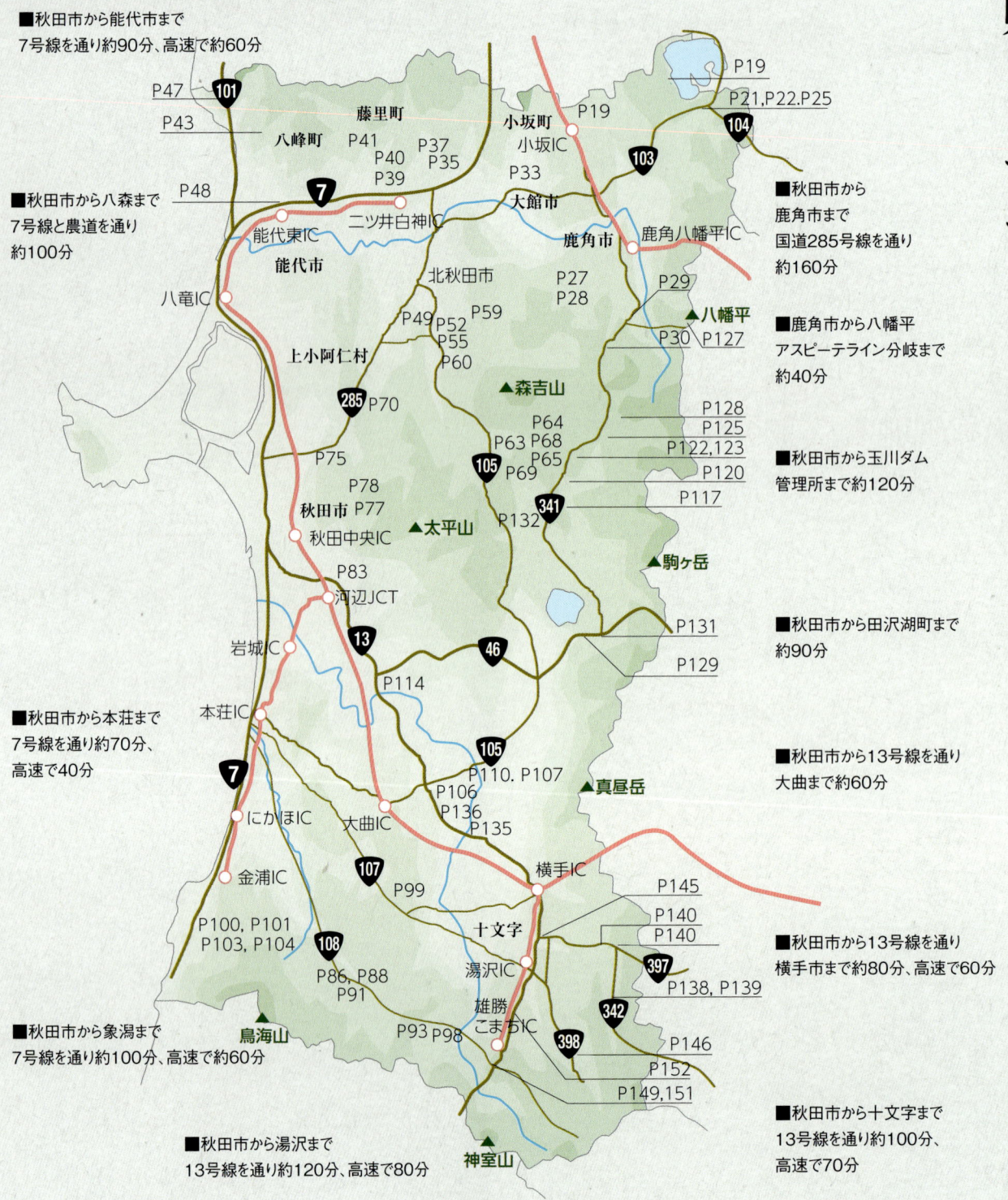

■秋田市から能代市まで
7号線を通り約90分、高速で約60分

■秋田市から八森まで
7号線と農道を通り約100分

■秋田市から鹿角市まで
国道285号線を通り約160分

■鹿角市から八幡平アスピーテライン分岐まで約40分

■秋田市から玉川ダム管理所まで約120分

■秋田市から田沢湖町まで約90分

■秋田市から本荘まで
7号線を通り約70分、高速で40分

■秋田市から13号線を通り大曲まで約60分

■秋田市から13号線を通り横手市まで約80分、高速で60分

■秋田市から象潟まで
7号線を通り約100分、高速で約60分

■秋田市から湯沢まで
13号線を通り約120分、高速で80分

■秋田市から十文字まで
13号線を通り約100分、高速で70分

地図上の地名・IC:
藤里町、小坂町、八峰町、小坂IC、能代東IC、二ツ井白神IC、大館市、鹿角市、鹿角八幡平IC、能代市、八竜IC、北秋田市、上小阿仁村、八幡平、森吉山、秋田市、秋田中央IC、太平山、河辺JCT、岩城IC、駒ヶ岳、本荘IC、真昼岳、にかほIC、大曲IC、横手IC、金浦IC、十文字、湯沢IC、鳥海山、雄勝こまちIC、神室山

ページ参照:
P47, P43, P41, P37, P40, P35, P39, P19, P21, P22, P25, P33, P48, P29, P27, P28, P30, P127, P49, P52, P59, P55, P60, P128, P125, P70, P64, P63, P68, P65, P69, P122, P123, P120, P75, P117, P78, P77, P132, P341, P83, P131, P129, P114, P110, P107, P106, P136, P135, P145, P140, P99, P100, P101, P103, P104, P86, P88, P91, P138, P139, P93, P98, P146, P152, P149, P151

フォトガイド名瀑紀行
県北の滝

十和田湖 西湖岸の滝

県北の滝

小坂町 KOSAKA

アドバイス
湖畔の遊歩道はヤブで分かりにくいが、少し進んでいくと遊歩道に出る。

二ツ滝沢　難易度2　推定落差(左)5m(中)5m(右)7m

あいの沢　難易度3　推定落差10m

十和田湖西湖岸

発荷峠から湖畔まで下り、信号を左折し約9㌔進むと滝ノ沢地区である。湖畔へ下りる道を右折し、ボート置き場わきを通っていくと、車は民家のところで行き止まりとなる。ここから2㌔ほど湖畔を進んだ場所にも昔は家が立っていたという。十和田湖一帯は有名な観光地だが、農業などで細々と生活を営む人々にとっては住みやすい環境ではなかったようだ。

湖畔に沿って歩き20分、二ツ滝沢に到着する。遊歩道からも滝は見え、滝のそばまで5分程度である。上流で沢は二つに分かれ、左の沢にある滝は上下二段あり、いずれも水量が多い。これに対して右の沢の滝は糸状になった繊細な滝で、陽が当たると黒い岩肌に虹がかかる。

遊歩道に戻り10分ほど進むと、あいの沢に着き、落差10㍍ぐらいの滝がある。なお、堀切沢の湖岸には「頌徳」と書いた碑があり、先人の開拓の面影が偲ばれる。碑の少し手前に杉林があり、その中を流れる堀切沢を10分ぐらい遡行すると、あまり大きくないが、直線的に落ちる滝がある。

(路程表は19ページ)

18

七滝・黒滝

日本の滝100選に入る七滝は、小坂町から十和田湖方面へ向かう通称・樹海ライン沿いにあり、道の駅にも指定されている。落差約60メートルで七段に落ちる滝は、四季を通じて色々な表情をつくり出す。黒滝は七滝の少し手前に位置し、黒滝神社の標識を左折すると駐車場所と社があり、その奥に黒滝がある。その名の通り黒い岩肌が特徴的だ。

七滝 難易度1 推定落差60m

県北の滝
小坂町 KOSAKA

黒滝 難易度1 推定落差5m

アドバイス
滝の一番の見ごろは水量の多い五月で、桜やタムシバなどが咲く季節でもある。

小坂町 ─車5km─ 黒滝神社入口 ─車2km─ 七滝
　　　　　　　　　車1km
　　　　　　　　　黒滝

発荷峠下の湖畔の信号（左折） ─車9km─ 滝ノ沢入口 ─徒歩20分─ 二ツ滝沢 ─徒歩10分─ あいの沢 ─徒歩20分─ 堀切沢

浦志内沢の滝

県北の滝

鹿角市
KAZUNO

浦志内の滝　難易度3　推定落差10m

浦志内沢の滝　難易度2　推定落差30m

浦志内沢

鹿角市花輪から八幡平方面へ向かう途中、東北自動車道・鹿角八幡平インター入口の少し手前を左折。案内標識に従って狭い悪路を川に沿って3キロぐらい進んでいくと、終点に空き地がある。そこに駐車し、徒歩で上流へ10分ほど進むと堰堤があり、そこから右側の沢の上流に滝が見え、山桜とよくマッチしている。堰堤からさらに上流へ進み、20分ほどで二段約10メートルの浦志内沢の滝に到着する。水量の多い春は迫力十分である。

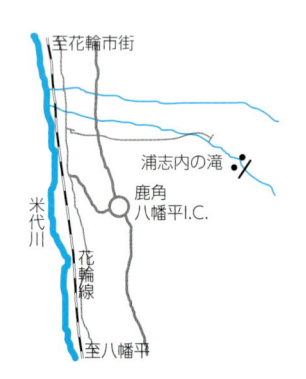

地域環境の変化

コラム 其の一
Column

「今年もまたやられた」──母の嘆きである。猿の一団がスイカを食い荒らし、大きく育てたスイカのほとんどがなくなっている。3年前に出現した猿は年々増え続け、今では6匹の群れになっている。以前は猿など見たこともなかった。しかし、今は近くの森に住み着き、畑を荒らし回る。気温の上昇とともに死亡率が低くなり、さらに栄養価の高い畑の作物などを食べ、個体数が増えたといわれる。このまま増え続けると新しい群れが新しい場所を次々に生息域にしていく可能性がある。

そこで母は家の近くで猿の来ない場所を畑にし、メロンとスイカを植えることにした。苦労して育てたメロンもスイカも大きく成熟し、そろそろ収穫できると喜んだ矢先、今度はメロンに穴が開いている。食べ方が明らかに猿や狸とは違う。ハクビシンである。今まで見たことも聞いたこともなかった動物が今度は夜に畑を荒らす。南から北上したハクビシンが住み着いたのだ。

このように温暖化の影響と思われる地域環境の変化は、今まで考えられなかった形で生き物の生態系にも影響を及ぼしている。近ごろ話題になっているホッキョクグマなどの環境も変化し、絶滅の危機は現実のものとなりつつあるようだ。

中屋布沢・堀内川の滝

中屋布沢・堀内川

鹿角市十和田錦木方向から国道103号線を北上、大湯温泉を過ぎると案内標識が道路右側にあるのでそこをまず右折する。橋を渡るとまた案内標識があるので、今度は左折し、しばらく行くと駐車場に到着。そこから小衣（おぼろ）の滝へは歩いて5分ぐらいである。裾の広がったきれいな形の滝である。

この後、国道に戻って1キロぐらい進むと川島の滝の案内標識があり、右折し川沿いに上流へ向かうが、駐車場までは砂利道のため少し時間がかかる。駐車場から滝までは約10分で上下二段の滝である。

小衣の滝 難易度2　推定落差10m

```
                小衣の滝              川島の滝
          車2km 徒歩5分         車5km 徒歩10分
大湯温泉 ─────────┴──────────┴──── 国道103号線
                    車1km
```

県北の滝
鹿角市
KAZUNO

アドバイス
小衣の滝、川島の滝へ行くには徒渉する場所があるので長靴等が必要。

川島の滝上段 難易度2　推定落差10m

川島の滝下段 難易度2　推定落差7m

川島の滝入口の滝 難易度1　推定落差7m

安久谷川の滝

安久谷川

大湯温泉を過ぎ、小衣の滝の標識を右折し直進すると、大湯川の支流・安久谷川である。この支流には福倉沢や、林道沿いにある上日高の滝、倉の沢、そして三界の滝と、それぞれに趣のある滝が連続する。

上日高の滝　難易度1　推定落差7m

福倉沢　難易度3　推定落差7m

倉の沢　難易度3　推定落差10m

倉の沢　難易度3　推定落差10m

三界の滝　難易度1　推定落差10m

三界の滝下流　難易度1　推定落差2m

県北の滝

鹿角市
KAZUNO

アドバイス

秋には安久谷川沿いの至る所でモミジの紅葉が見られ、特に上日高の滝、三界の滝周辺は格段にきれいである。

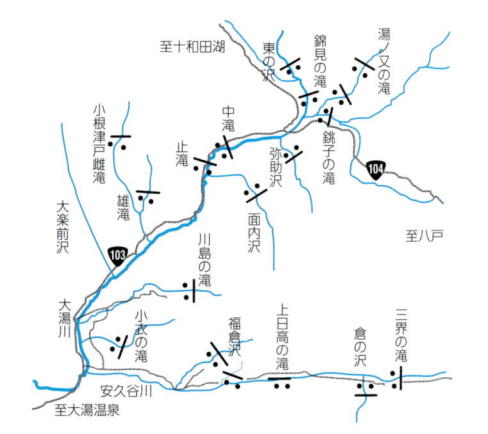

大湯温泉・安久谷川入口 —車3km— —車2km— 福倉沢の滝（車2km 徒渉20分）—上日高の滝— 車1km —倉の沢— 車0.2km（6km）—三界の滝

大湯川の滝

県北の滝

鹿角市
KAZUNO

小根津戸雌滝 難易度3　推定落差20m

小根津戸雄滝 難易度2　推定落差30m

大楽前沢 難易度4　推定落差(左)3m　(右)3m

大湯川

大湯温泉から安久谷川入口を過ぎ、国道103号を進むと最初に出会う滝が小根津戸沢の滝である。雄滝と雌滝があり、どちらも落差がある。特に雄滝は三段の落差の素晴らしい滝である。

大楽前沢

大楽前沢へのアプローチには国道103号から直接入るルートと、国道のかなり手前から林道に入っていくルートがあるが、写真は林道を進んで沢に入り1時間ぐらい遡った所で撮影したものである。行けども行けども大きな滝はなくナメ状の滝がいくつか連続するぐらいである。

下流から行く場合、少し遡った所に大きな堰堤があり、これを越えたものの途中で川が増水し急いで逃げ帰ったことを思い出す。聞くところではあまり大きな滝はないらしく、下流からのアプローチは断念する。

23　(地図は22ページ、路程表は25ページ)

大湯川本流・東の沢・弥助沢

県北の滝

鹿角市
KAZUNO

大湯川本流

十和田湖へ通じる国道103号線沿いの大湯川には数多くの滝がある。止滝、中滝のほか、国道104号線を少し入った所にある錦見の滝、銚子の滝、湯ノ又の滝、弥助沢の滝、さらには錦見の滝の上流にある東の沢の滝など、さまざまな形の滝が次から次へと現れる。

アドバイス
色々な風情の滝があり、季節や時間によって違う表情が見られるので、何回か通うことでインパクトのある写真が撮れる。

止滝 難易度1 推定落差7m

中滝 難易度1 推定落差7m

（地図は22ページ）

湯ノ又の滝 [難易度1] 推定落差7m

湯ノ又上流の滝 [難易度3] 推定落差5m

銚子の滝 [難易度1] 推定落差15m

東の沢 [難易度3] 推定落差10m

弥助沢 [難易度3] 推定落差10m

錦見の滝 [難易度1] 推定落差10m

```
          徒歩5分   徒渉15分
           雄滝 ──── 雌滝
                              車1.5km      徒歩10分
  国道103号 ──── 止滝 ── 中滝 ──── 東の沢の滝 ──── 至十和田湖
  小根津戸沢入口  車3km   車0.3km  車0.5km                      徒渉30分
                                 錦見の滝・銚子の滝・湯ノ又の滝 ──── 湯ノ又の滝上流
                          車0.5km  徒歩20分
                                 弥助沢の滝
```

夜明島渓谷の滝

県北の滝

鹿角市
KAZUNO

夫婦滝　難易度5　推定落差5m

ミソギ滝　難易度5　推定落差7m

虎の尾滝　難易度5　推定落差5m

泊滝　難易度5　推定落差10m

アドバイス

桃枝集落へは花輪地区から尾去沢方向へ進み、橋を渡って信号を八幡平方面に左折、長内集落で右折すれば到着する。もし長内集落を通り過ぎてしまっても、次の集落の長牛からも行ける。渓谷へは切り立った崖の間を抜けていくので危険な場所が何カ所かあり、注意が必要。

夜明島渓谷

桃枝集落を過ぎると夜明島林道起点の看板があり、道路は砂利道になる。夜明島川は林道にほぼ平行するが、流れは変化に富み、すばらしい渓相である。途中、岩谷沢、栗根沢入口を通過し、桃枝集落から約13キロに夜明島渓谷の入口があり、案内板にその詳細が書かれている。ここから徒歩（スパイク長靴が必要）で渓谷に向かう。

最初の泊滝までは約10分で比較的簡単に行ける。落差約10メートルの直瀑で、切り立った千丈幕の横から落下する端正な滝である。

ここからがいよいよ難所の始まり。この滝を高巻きするには右手の山道を登ったところから左に進む。が、かなりの高さであるる。滝の上方に出ると滝頭（下りる梯子があり、これもかなりの高さ。梯子を下りて対岸に渡ると、今度はまた梯子の登り。ここを越えると夫婦滝、ミソギ滝、虎の尾滝、ハネ滝、トビ石などが次々と現れ、それぞれに趣がある。

さらに行くと広い河原に出るが、次第に両側が狭くなり、滑りやすい斜めの岩を何回か越えるといよいよ日本の滝100選「茶釜の滝」の入口。ここまでの所要時間は写

ナメ滝上流 難易度5　推定落差7m

ハネ滝 難易度5　推定落差10m

茶釜の滝 難易度5　推定落差100m

茶釜の滝下流の滝 難易度5　推定落差15m

ナメ滝 難易度5　推定落差7m

雲上の滝 難易度5　推定落差20m

真撮影時間を含め約2時間である。最初は鎖につかまり、その後梯子を登り詰め、斜面を右に進むとまた梯子があり、そこを登ると茶釜の滝の真正面に出る。落差100メートルといわれる滝はさすがに圧巻で感嘆の一語。間近に全容が広がる景観は他にはない光景である。全容を撮影するには広角レンズが必要。周囲の赤、黄、青のコントラストが滝をさらに際立たせている。

しばらく堪能した後、引き返すが、登ってきた所を見下ろすと足が竦む。それでも何とか下り、今度は最後の滝「雲上の滝」を目指して上流へ進む。約15分で滝に到着。見上げる佇まいは岩肌が遙か上空へと伸びており、滝の名のごとくである。

```
                                    雲上の滝
                                  徒渉15分
                    泊滝 ──── 茶釜の滝
                          徒渉80分
        車10.5km   車13km   徒渉20分
鹿角市 ──── 桃枝 ──── 夜明島渓谷 ──── 至太平湖
 花輪                    入口
```

27　（地図は28ページ）

夜明島川支流 岩谷沢・栗根沢の滝

県北の滝

鹿角市
KAZUNO

岩谷沢・栗根沢

夜明島渓谷周辺の支流にもいくつか滝があり、その一つが岩谷沢である。岩谷沢は桃枝集落から約8キロ。岩谷林道の標識があり、川はこの入口から50メートルぐらい上流にある。川を遡り1時間ぐらいで二段約5メートルの滝。その左側を高巻きし、さらに上流へ進むと右側の切り立った断崖からもう一つの滝が姿を現す。あまり水量がなく迫力に欠けるが、落差30メートルはあり、仰ぎ見るような高さである。

栗根沢は、栗根林道を進むと右側に見えてくるが、道幅が狭く急なので注意が必要。掲載写真は林道から見える滝である。

岩谷沢 難易度4 推定落差5m

岩谷沢 難易度4 推定落差30m

栗根沢 難易度3 推定落差10m

徒渉60分　徒渉10分
5mの滝 ── 30mの滝

桃枝 ── 岩谷林道入口 ── 栗根林道入口
　　車8km　　　車3km (11km)

28

折ケ島川上流 長滝沢

県北の滝
鹿角市 KAZUNO

アドバイス
三つの滝に斜光が射す午前中が撮影タイム。道路は1.3ｷﾛ地点で通行止めとなり、ここから滝までは歩いて40分ほど。

長滝沢

八幡平に行く途中に別荘地・切留平がある。そこに足湯があり、その左に立つ鳥居をくぐり、林道を進めば折ケ島川と平行してくるが、車は行き止まり。ここから歩くと途中に湯の又沢の表示、さらに少し進むと林道は終点となる。上流へはまだ山道が続くが、ここから川に下りて遡行。10分ぐらいで一つ目の滝が現れる。落差約10ﾒｰﾄﾙのナメ滝である。

上流を見るとさらに滝があり、近づくと同じ場所に三つの滝が流れ落ちる県内でも珍しい景観だ。それほど落差はないが、斜光が射し込み幻想的な雰囲気を漂わせる。さらに上流に行くとナメ滝はあるが、落差のある滝はない。

3本の滝 難易度3 推定落差7m

一つ目の滝 難易度3 推定落差10m

上流の滝 難易度3 推定落差7m

国道341号線 ─3km─ 林道終点 ─15分─ 3本の滝
八幡平切留平入口

熊沢川支流 中ノ沢・高石沢の滝

県北の滝
鹿角市 KAZUNO

アドバイス
国道341号線は冬期間通行止めとなるので、冬の曽利滝の撮影は初雪の降る11月初旬がベスト。（雪化粧の掲載写真は11月3日撮影）

中ノ沢支流
難易度3　推定落差10m

曽利滝上流
難易度1　推定落差5m

曽利滝　難易度3　推定落差30m

中ノ沢

玉川方面へと向かう途中にある国道341号線の曽利滝駐車場から急な山道を下る。紅葉、新緑シーズンの写真は撮ったが、冬の滝も訪れてみたいと思い、今回やっと実現できた。鮮やかな紅葉に彩られた滝も魅力的だが、白と黒だけの風景も感動的である。

曽利滝上流には右から流れ込む沢があり、橋から下流に見える合流地点に10メートルぐらいの滝があり、さらにこの上流にも落差10メートルぐらいの滝がある。国道から岩のごろごろした斜面を登っていくと上流から降るように流れ落ちる滝がある。

橋の上流にも滝があり、落差は5メートルぐらいである。

```
          中ノ沢右岸支流
           徒渉20分
国道341号  ─────  曽利滝  徒歩30分  高石沢
曽利滝入口  徒歩20分
           徒渉20分
          曽利滝隣の沢
```

（地図は28ページ）

曽利滝隣の沢 難易度4　推定落差10m

高石沢 難易度4　推定落差10m

曽利滝隣の沢 難易度4　推定落差10m

高石沢

曽利滝の下流域を探訪。曽利滝の展望場所から下って約10分で熊沢川との合流点に着くが、熊沢川本流はほとんど水がない。しかし、下るに従って渓相はガラリと変わり、大きな岩が見られ、水流も力強くなる。

約10分下ると高石沢。ゴーロを10分ぐらい登っていくと約10ﾒｰﾄﾙの滝が現れる。本流に戻ってから今度は曽利滝の右隣の沢を遡る。約20分登っていくと二段15ﾒｰﾄﾙぐらいの滝が現れる。結構、高さのある滝なので、しばし鑑賞する。

この滝の上流が駐車場であり、滝の脇の急斜面を登れば駐車場に出られる。

31

犀川支流 長部沢

県北の滝

大館市 ODATE

ジャコイシ沢　難易度4　推定落差10m

ジャコイシ沢　難易度4　推定落差5m

長部沢支流ジャコイシ沢　難易度4　推定落差7m

長部沢支流ジャコイシ沢

大館市比内町長部の集落に竜ケ森登山道入口の標識があり、ここを右折し、沢沿いに進んで約4㌔。竜ケ森最上沢登山道の看板が見えるので、そこをまた右折する。約1㌔進むと左から流れ込む沢がジャコイシ沢である。この沢を約30分遡ると、また右から流れ込む沢があり、そこを少し行くと二つ目の推定落差7㍍の滝がある。

このあと本流に戻って約20分、右の沢へ登ると5㍍の滝。再び本流に戻り10分ほどで右の沢に3㍍の滝、さらにその上にも10㍍の滝がある。残念ながら、いずれの滝も水量が少なく、迫力に欠ける。

長部沢支流最上沢

ジャコイシ沢からさらに林道を進むと、また左から流れ込む沢がある。これが最上沢であり、遡ると10分ぐらいで一つ目の滝、さらにまもなく二つ目の滝が現れる。どちらも落差は3㍍程度。

最上沢　難易度4　推定落差3m

最上沢　難易度4　推定落差3m

長木川支流大川目沢 中滝・大茂内沢

県北の滝

大館市
ODATE

大川目沢

大館市の旧雪沢小学校を過ぎたところを左折する。石渕方面の標識がある狭い舗装道路を進み、踏切を越えて約5キロで砂利道に。さらに約7キロ走ると「中滝」と記された橋があり、上流を望むと落差3メートルほどの幅の広い中滝がある。滝の上には大きなミズナラの木が横たわるように伸び、景観にアクセントを加えている。

大茂内沢

大館市の樹海ドーム近くを流れる大茂内沢沿いの道路を約4キロ進むと滝マークがある場所に着く。滝へ行くには沢筋へ少し下りる。落差は5メートルぐらいである。

大川目沢上流　難易度1　推定落差5m

大川目沢中滝　難易度1　推定落差3m

大茂内沢　難易度3　推定落差5m

大茂内沢 — 車4km — 大館市 樹海ドーム — 車5km — 四十八滝温泉 — 車5km — 旧雪沢小学校 — 車12km(22km) — 中滝

岩瀬川本流・支流赤倉沢・ワリ沢

県北の滝

大館市 ODATE

赤倉沢 難易度1　推定落差5m

赤倉沢 難易度3　推定落差10m

ワリ沢 難易度3　推定落差10m

岩瀬川

旧田代町にある大きな二本の川の一つが岩瀬川。川沿いに進むと、五色湖と呼ばれる大きな山瀬ダムがある。ダムに架かる橋を渡って左折すると、道路はまた岩瀬川と交差する。しばらく行くと赤倉沢の橋があり、橋から上方には右上の滝が、下には直線的に流れ落ちる滝が見える。滝の直下へ行くには道路を少し進んだ所に広場があるので、ここに車を止めて山道を下る。すると右上流に落差約10メートルの滝がある。

道路に戻って500メートルぐらい進むと右下方に四階滝が見える。川へ下りて四階の滝の下に行くと、左から流れ落ちるワリ沢の滝がある。四階滝は幅も広く豪快な滝である。

再び道路に上がり上流を目指す。少し行くと橋があり、下に見えるのが三階滝。落差こそあまりないが幅広の整った滝である。

さらに上流を目指すと駐車場、四阿のある糸滝があり、岩瀬川は大川目川と名前を変える。さらに道路を進んでいくと深い岩盤の割れ目に落ち込む五色の滝がある。

アドバイス

岩瀬川の見ごろは紅葉シーズン。真っ赤に色づいたモミジが両岸を飾っている。上流部にはロケット燃料燃焼試験場があり、降雪期も除雪しているので、冬の滝の撮影には最適である。上流方向へ進んでいくと悪路になるので、夏場でも車で早口川方面へ抜けるのは難しいようだ。

34

糸滝 難易度1　推定落差20m

四階滝 難易度1　推定落差10m

三階滝 難易度1　推定落差5m

五色滝 難易度1　推定落差15m

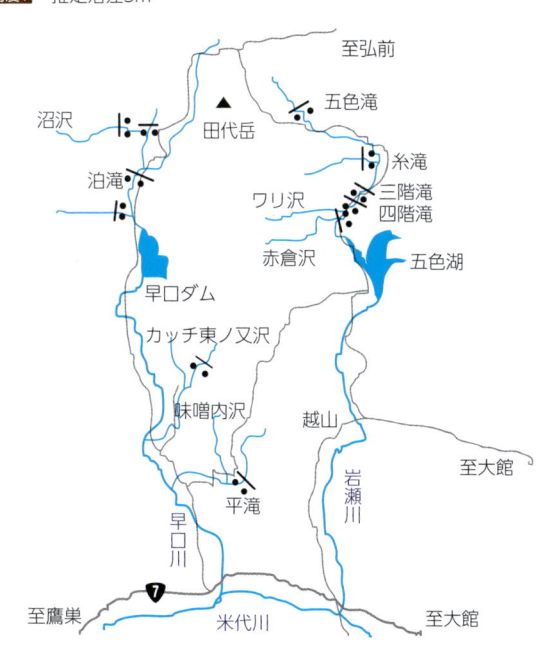

　　　　　車13km　　　車4km　　　車0.5km　　　車0.5km　　　車1km　　　車5km　（11km）
国道7号 ──── 五色湖 ──── 赤倉橋 ──── 四階の滝 ──── 三階の滝 ──── 糸滝 ──── 五色滝
岩瀬川入口（左折）

平滝・カッチ東ノ又沢

県北の滝

大館市
ODATE

平滝

旧田代町早口の国道7号線を折れて早口ダムへ向かい、約10㌔行くと味噌内沢林道との合流点がある。この林道を右折、約2㌔走ると右の橋へ至る林道があるので、そこを少し進んで駐車する。正面の杉林を通り平滝を目指すが、滝の脇は急斜面なので気を付けて下る。幅の広い見事な滝である。

平滝　難易度2　推定落差15m

カッチ東ノ又沢

味噌内沢林道からさらに2㌔ぐらい進むと田代岳薄市登山道と早口ダムへの分岐点があり、これを右の登山道へ進んでいく。登山道入口までは7㌔ぐらいだが、途中2カ所に案内標識があるので、これに従って進む。終点に避難小屋があり、そこに駐車。右方を流れる薄市沢支流荒沢を遡行する。

少し遡ると右から流れ込むカッチ東ノ又沢があり、これを遡ること約30分で約10㍍のナメ滝が現れ、それを越えていくと二段になった10㍍の滝が現れる。岩肌をサラサラ流れ落ちる爽やかな滝である。

この滝から左上方にある杉林へ登っていくと上流部へ続く山道があり、それを下って帰る。約20分でカッチ東ノ又沢と交差する田代岳薄市沢登山道の入口に着く。

カッチ東ノ又沢　難易度3　推定落差（左）10m　（右）10m

（地図は35ページ）　36

早口川 泊滝 支流 沼沢

県北の滝

大館市 ODATE

沼沢中流 難易度4　推定落差20m

沼沢上流 難易度4　推定落差10m

泊滝 難易度2　推定落差7m

早口川支流沼沢

早口ダムは国道7号線から折れて約20キロ地点だが、泊滝へはさらに10キロ、沼沢は泊滝の上流にある。

泊滝の駐車場を過ぎると橋が架かっており、この橋下から10分ほど川を下ると、右から流れ込む沼沢に出合う。沼沢を遡って40分ぐらいで右から流れ込む支流に一つ目の滝が現れる。この滝は落差20メートルぐらい。清涼感溢れる滝である。さらに15分ぐらい行くと逢沢との合流点に達する。合流点を右方に約15分進むと、迫力ある10メートルほどの滝が現れる。

アドバイス

早口ダム上流部は春になっても除雪されないので、大館市田代総合支所などに確認が必要。

銚子の滝

県北の滝

藤里町
FUJISATO

銚子の滝 　難易度1　推定落差10m

銚子の滝

藤里町の白神山地世界遺産センター・藤里館のやや手前から右へ折れた所にある湯の沢温泉。その50㍍ほど手前の駐車スペースに車を止め、同温泉裏手に行くと見えてくる。落差10㍍程度だが、繊細な趣の滝である。

藤琴川支流 小比内沢

県北の滝

藤里町
FUJISATO

小比内沢

白神山地世界遺産センター・藤里館の斜め前に架かる坊中橋を渡り、右方へ進むと奥小比内線の標識がある。これを左折し、狭いトンネルを抜け、1キロぐらい行くと分岐があるが、ここは真っ直ぐ進む。さらに約7キロ進むと一つ目の滝が木々の間から見えてくる。落差約10メートルで、きれいに落下する滝である。さらに林道を約500メートル行くと右から流れ込む樺沢があり、そこから30分ほどの所に約10メートルの勢いのある滝がある。

林道をまた進むと、約1キロで車は通行止めだが、5分ぐらい歩くと、はるか山の頂上から流れ落ちる落差100メートルもあろうかという滝が現れる。

ここから約10分で林道終点となり、沢は左右に分かれる。左の沢を約30分遡行すると、20メートルぐらいの滝に到着する。荒々しく丸味を帯びた滝である。

（2014年10月の探訪時は約6キロ地点で通行止め。ここから一つ目の滝までは約2キロの距離である。通行止めの少し手前に新しい道路があるが、これは世界遺産センターから素波里園地へ抜けるルート）

上流右の沢　難易度3　推定落差5m

上流左の沢　難易度3　推定落差20m

小比内沢本流　難易度3　推定落差10m

小比内支流樺沢　難易度3　推定落差10m

小比内沢　難易度3　推定落差100m

国道7号二ツ井 —車7km— 藤里町 —車5km— 世界遺産センター藤里館 —車10km— 小比内沢林道終点
（左折）

桧原沢支流 滝ノ沢

県北の滝
藤里町
FUJISATO

難易度4　推定落差10m

滝ノ沢　難易度4　推定落差5m

難易度4　推定落差7m 　　推定落差7m

世界遺産センター ——車17km—— ニゴリ沢入口 ——徒歩60分—— 滝ノ沢

滝ノ沢

藤琴川上流部の景勝地「太良峡」を過ぎると黒石沢、白石沢の分岐点に達する。左の黒石沢方面は岳岱、藤駒山登山道入口、右の白石沢は釣瓶落峠、青森方面である。釣瓶落峠から左に見えるのは桧原沢で、目も眩むような切り立ったスラブが谷底に落ち込んでいる。この桧原沢を下流から遡ってみる。

黒石沢と白石沢の分岐点から峠方向へ約1㌔で、ニゴリ沢入口である。林道を左折して行くと橋があり、この橋から上流に見える合流点が白石沢と桧原沢の分岐である。桧原沢沿いに林道が走るが、途中で崩れているので歩いて上流へと向かう。約30分で林道は滝ノ沢の方へと続いているので、さらにヤブをかきわけながら進む。

途中で林道は切れ、今度は沢を遡行していく。約30分後、両側の切り立った岸壁の左に10㍍ぐらいの滝が現れる。この滝を越え、さらに小さい滝を三つぐらい越えると川は二つに分かれるので、最初は真っ直ぐ遡行するが、少し歩くと5㍍ぐらいの滝が現れる。この滝を覗いてみると約7㍍の二段の滝が沢の入口を塞いでいる。一つ得をした気分で本流を遡っていくが、川底は広く平らで滝が現れる気配は全くない。結局、1時間ぐらい遡行した後、あきらめて戻る。

今度は桧原沢本流に戻って遡ることにする。本流に下りると左の滝ノ沢で滝らしい音がする。水量こそ少ないが、十分な落差を感じさせる滝である。満足感に浸り、

（2014年10月に訪れた時はニゴリ沢林道入口で通行止め。橋までは約300㍍の距離）

内川・滝ノ沢

県北の滝

藤里町 FUJISATO

内川 難易度3 推定落差5m

内川 難易度3 推定落差7m

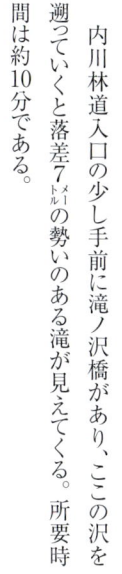

滝ノ沢 難易度3 推定落差7m

内川

藤里町には藤琴川と粕毛川の2本の川が流れ、粕毛川の上流には素波里ダムがある。ダムのさらに上流約7㎞にある内川林道入口を入り、700ｍぐらい走ると空き地があり、ここに車を止めて川に入る。入って間もなく堰堤があるので、これを越えて15分ぐらい行くと左から流れ込む沢があり、そこを少し上ると最初の滝である。
このあと本流に戻って少し遡ると、ナメ状になった茶色の滝が続き、そこをさらに進むと5ｍぐらいの滝が見えてくる。春に林道から見た時はもう少し大きいかなと思ったが、少々期待外れである。（2014年10月現在、内川林道は工事中）

滝ノ沢

内川林道入口の少し手前に滝ノ沢橋があり、ここの沢を遡っていくと落差7ｍの勢いのある滝が見えてくる。所要時間は約10分である。

国道7号 二ツ井（左折） ─車17km─ 素波里ダム ─車7km─ 内川入口 ─車7km─ 東又沢 ─徒歩10分─ 逆又沢
車0.7km
徒歩30分 内川の滝　　徒歩40分 逆又沢の滝

粕毛川支流 東又沢

県北の滝

藤里町
FUJISATO

東又沢支流 難易度3 推定落差20m

上流支流 難易度3 推定落差7m

東又沢支流逆又沢 難易度3 推定落差15m(左)

東又沢支流 難易度3 推定落差10m

藤里町東又沢

素波里ダムから約14キロ進むと東又沢に到着する。上流部へはさらに林道が伸び、約1時間歩くと橋の架かる支流がある。この沢を登っていくと、大きな滝はないが、苔むした岩が続き、清々しい源流部の様相を呈している。

林道へ戻り、今度は粕毛川本流へと続く林道を進むが、少し行くと右の沢の少し上流に7メートルぐらいの滝が見えてくる。さらに行くと東又沢本流に架かる橋があり、直進すると小岳登山口である。その橋の手前から左に折れ、東又沢本流に沿って一ノ又林道を進む。この林道は粕毛川本流の方へと続いているが、この間に左から流れ込む二つの沢があり一つ目の沢は左折してすぐで、ここを遡って15分もすると20メートルぐらいの滝が現れる。流れのきれいな滝で心洗われるようである。

さらに林道を東又沢本流に沿って進むともう一つの沢の逆又沢と合流するが、林道は荒れて車は進めなくなるので、途中から徒歩で向かう。約40分で二段15メートルの滝に到着。この滝も水がきれいで爽やかだ。

(2014年10月、林道は藤里駒ヶ岳登山道入口のところで通行止め。東又沢までは2キロぐらいの距離)

(地図は41ページ)

水沢川支流・一ノ又沢

県北の滝

八峰町 HAPPOU

水沢川支流 難易度3 推定落差10m

水沢川支流 難易度1 推定落差7m

水沢川支流 難易度1 推定落差15m

水沢川支流

水沢川へは旧峰浜村の桃源郷「手這坂」や水沢ダムを目標に向かえばいい。手這坂近くには、道路の右方向にある沢に二段15メートルの滝が見られる。さらに進んでいくと今度は道路の右下に7メートルの滝、ダム手前の左の沢の上流に10メートルの滝が見える。

国道7号八森方面（左折）── 車15km ──水沢入口── 車5km ──手這坂── 車3km ──水沢ダム── 車2km ──一ノ又沢入口── 2km ──林道終点── 徒渉左右各30分 ──一ノ又沢

一ノ又沢上流 難易度4 推定落差10m

一ノ又沢下流左岸 難易度4 推定落差7m

一ノ又沢下流 難易度4 推定落差5m

ブロック状の岩

一ノ又沢

一ノ又沢へは水沢ダムを通過して向かう。坂道を下ってしばらくすると右手に入る橋があり、これを進んでいくと一ノ又沢である。林道はヤブ状なので終点まで2キロぐらい歩く。終点で沢は左右に分かれるので、まずは左の沢へ。沢伝いに細道が続くので楽に上流部へと行ける。途中に堰堤が二つあり、そこを過ぎると約10メートルの滝が見えてくる。大きい滝ではないが、直線的に落下する滝である。ここまでの所要時間は約30分。

今度は右の沢に入るが、すぐ堰堤があるので左側を巻いて上流へ。水量は左の沢より少ない。途中に糸状の滝や小ぶりの滝が二、三あり、最後に沢はまた左右に分かれる。その分かれた左岸の岩がブロック積みのように並び、人工的で奇妙な感じがする。ここまで約30分である。

真瀬川支流 上山内沢

上山内沢 難易度3 推定落差7m

上山内沢 難易度3 推定落差20m

上山内沢 難易度3 推定落差5m

県北の滝

八峰町
HAPPOU

上山内沢

八峰町八森で白神山地二ツ森入口を右折。「八森ぶなっこランド」を過ぎて真瀬川上流域にある三十釜入口で車を止め、徒歩で進む。三十釜の橋を渡ってまもなく分岐があるので左の方へと進み、杉林の道を10分ぐらい歩くと細い作業道になるので、沢沿いに進む。10分ぐらいで堰堤があり、そこを過ぎるといよいよ行き止まり。このため沢を遡行していくと正面に5メートルぐらいの滝が現れる。滝の左側斜面を上がると上部の滝約20メートルと下方部の滝約7メートルが連続している。

（路程表は47ページ）

44

真瀬川支流中ノ又沢 黒滝・一ノ又沢

県北の滝

八峰町 HAPPOU

アドバイス
黒滝までかなりの悪路なので注意が必要。

中ノ又沢黒滝 難易度1　推定落差20m

一ノ又沢 難易度3　推定落差20m

黒滝

真瀬川沿いに上流へ向かう道路は途中で二ツ森方面の一ノ又沢と中ノ又沢・三ノ又沢に分かれるので中ノ又・三ノ又方面へ左折。少し行くと林道はまた二手に分かれ、右へ2㌔ぐらい進むと黒滝である。その名の通り真っ黒な岩肌が特徴だ。

一ノ又沢

中ノ又・三ノ又との分岐を直進して二ツ森方面に約2㌔行くと川は道路から離れるが、直進していくと堰堤があり、その上流へと遡ること約15分。直線的に流れ落ちる落差のある滝に出会う。

45　(地図は44ページ、路程表は47ページ)

真瀬川支流 三ノ又沢

県北の滝

八峰町 HAPPOU

アドバイス

滝の形状は春と夏で随分異なるので、激しい流れを撮るには春、繊細さを求めるには夏がいい。三ノ又沢は今回5年ぶりだが、やはり年月の経過によって沢や滝の形状は大きく変わっている。

三ノ又沢

真瀬川に沿った道路の途中にある二ツ森方面の一ノ又沢と中ノ又沢・三ノ又沢の分岐を左折していくと今度は中ノ又沢と三ノ又沢の分岐となり、車はここで通行止め。分岐を左に入ると三ノ又沢である。1㌔ぐらい歩くと林道は陥没。そこからさらに15分ほど歩くと左から流れ込む沢があり、そのゴーロ帯を20分ぐらい行くと40㍍二段の滝が現れる。以前来たときは春だったので水量が多く、ゴーロ帯は段瀑だった。

林道に戻り、10分ほど歩くと対岸に80㍍の滝が現れる。落差があり見えがある。この滝から約20分でまた左から流れ込む沢があり、そこに架かる橋に「三の又2号橋」とある。その下流部から上流へ向かってすぐ5㍍ほどの滝が現れる。以前、この滝の上流で7㍍、20㍍、10㍍の滝を撮影した。

再び林道に戻って上流へと進み、大きな堰堤まで行ったが、途中は藪が伸び放題で歩きにくい。堰堤から約20分で沢は左右に分かれ、左の沢に入って30分ぐらい狭い場所を進むと7㍍から10㍍ぐらいの滝が四つほどある。

三ノ又沢ゴーロ
難易度3　推定落差60m

三ノ又沢 難易度3　推定落差80m

ゴーロ上流の滝
難易度4　推定落差40m

(地図は44ページ)　　46

2号橋の沢　難易度4　推定落差20m

2号橋の沢　難易度4　推定落差7m

2号橋の沢　難易度4　推定落差5m

右岸上流　難易度4　推定落差7m

右岸上流　難易度4　推定落差10m

右岸上流　難易度4　推定落差10m

2号橋の沢　難易度4　推定落差10m

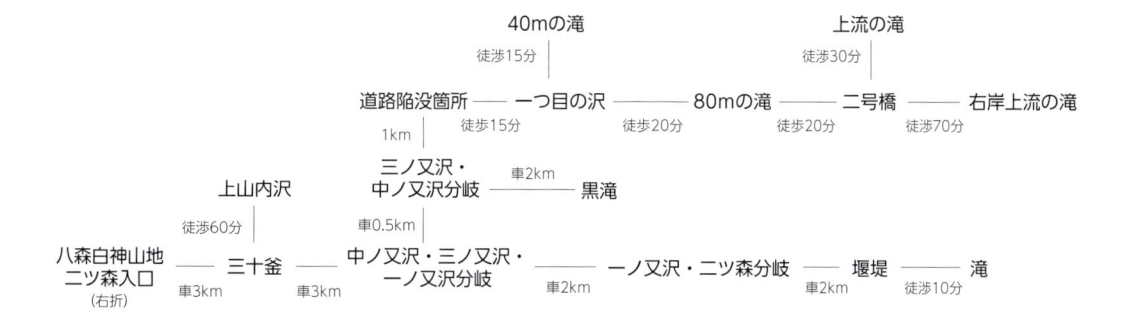

```
                                    40mの滝                    上流の滝
                                    徒歩15分                    徒歩30分
          道路陥没箇所 ── 一つ目の沢 ──── 80mの滝 ──── 二号橋 ──── 右岸上流の滝
               1km        徒歩15分        徒歩20分      徒歩20分      徒歩70分
                          三ノ又沢・            車2km
            上山内沢 ──── 中ノ又沢分岐 ──────── 黒滝
            徒歩60分
                          車0.5km
  八森白神山地                中ノ又沢・三ノ又沢・
  二ツ森入口 ──── 三十釜 ──── 一ノ又沢分岐 ──────── 一ノ又沢・二ツ森分岐 ──── 堰堤 ──── 滝
    (右折)   車3km      車3km              車2km              車2km    徒歩10分
```

47

大柄の滝・女滝

県北の滝

能代市
NOSHIRO

大柄の滝　難易度2　推定落差15m

大柄女滝　難易度3　推定落差7m

大柄の滝・女滝

　能代市常盤から山谷方面へ向かう道路を常盤川沿いに北上する。約9キロ進み、大柄の滝入口の標識を左折し、狭い道を通っていくと広場があるので駐車。そこから鉄の急な梯子を下りると大柄の滝の下まで行ける。
　女滝は上流からは下りていけないので下流から遡る。田んぼの畦道をしばらく歩き、途中で川に下りる。黒く濁った流れを少し遡り、堰堤を越えていくと両側が狭く切り立ってくるが、そこを過ぎると女滝が現れる。川を遡行してから30分の距離である。下から見ると約7メートルの滝で、車を止めた広場から眺めると、さらにその上にも滝がありそうな雰囲気である。

```
                              大柄の滝
                           徒渉30分
                        車9km     女滝
国道7号    車2km  二ツ井方面   能代市常盤
八森方面入口      信号        車6km
 (左折)          (右折)        (左折)
```

48

阿仁川支流 下滝ノ沢・大滝沢

県北の滝
北秋田市
KITAAKITA

大滝沢四十八滝 [難易度1] 推定落差20m

下滝ノ沢 [難易度1] 推定落差7m

大滝沢上流 [難易度2] 推定落差5m

下滝ノ沢・大滝沢

北秋田市阿仁前田の観光案内所「四季美館」前から国道105号線を500㍍ぐらい北上すると左から流れ込む下滝ノ沢があり、すぐ下に三段の滝が見える。さらに1㌔ほど行くと四十八滝の案内標識があるので右折。阿仁川の橋を渡ってすぐまた右に曲がる。700㍍ほど行き左の線路をくぐると鳥居が見えるので、そこに駐車する。少し歩くと社があり、その後ろに四十八滝が見える。大きく、裾の広がった形は均整がとれている。

今度は阿仁川の橋まで戻り、四十八滝の上流へ向かう。橋から真っすぐに進み、集落の中を通って林道を17㌔ぐらい走ると大滝沢の分岐があり、そこから4㌔ぐらいで約5㍍の滝が下にあるが、下りていかないと滝は見えない。

阿仁前田 — 車0.5km — 下滝ノ沢 — 車21km — 大滝沢上流
　　　　　　　　　　　　　　　　車2km — 四十八滝
四季美館

連瀬沢の滝

県北の滝

北秋田市
KITAAKITA

一つ目の滝 難易度3　推定落差(下)3m (上)10m

二つ目の滝 難易度4　推定落差7m

連瀬沢

阿仁前田から森吉山の北側山麓を走る県道比内森吉線を進み、森吉山ダムを経て旧発電所跡を過ぎると小又川本流に合流する沢が右方から流れてきている。これが連瀬沢である。その名称からなだらかな瀬の連続をイメージしがちだが、実際はゴーロあり、滝あり、深い淵ありと厳しい沢である。また、両側が切り立っているため、増水時は逃げ場がなくなり危険である。

沢の上流へは小又川との合流点から続く林道を進んでいくが、10分ほどで最初の滝が現れる。右から流れ込む10ﾒｰﾄﾙの滝で、この上流にも暗く狭い所に落ちる落差7ﾒｰﾄﾙぐらいの滝がある。この滝の左の急な林道を登るとまた連瀬沢と交差するが、そこから沢を遡って20分ほどで大きな淵を持つ二つ目の滝が現れる。

この滝から向かって右の斜面を登ると杉林上方に先ほどの林道が続いているので、そこから上流へと向かう。林道は沢にぶつかると終点になるが、その終点反対側の支流にも7ﾒｰﾄﾙぐらいの滝がある。ここを過ぎたあたりから連瀬沢は厳しくなり、巨岩や淵、滝がいくつも現れる。それを乗り切ると魚止めの滝（地元では「三階の滝」とも）に到着。直線的に落下する迫力のある滝で、森吉山登山ルートにある一の腰のはるか左下方部に位置する。小又川合流点からこの滝までは約2時間の行程である。

(地図、路程表は52ページ)

中流の滝
難易度5　推定落差10m

支流の滝　難易度5　推定落差7m

三階の滝
難易度5　推定落差30m

中流の滝　難易度5　推定落差5m

中流の滝　難易度5　推定落差5m

千本杉1号・2号の滝

県北の滝

北秋田市
KITAAKITA

千本杉1号・2号

連瀬沢を過ぎて森吉山荘へ行く途中に千本杉1号・2号橋があり、この沢筋の上流にも滝はある。2号橋の上の滝は急斜面を上がって約20分で着くが、あまり落差はない。また、1号橋の滝は道路からすぐで、落差10メートルのきれいな滝である。

千本杉1号　難易度1　推定落差10m

千本杉2号　難易度3　推定落差7m

国道105号阿仁前田 —車15km— 連瀬沢入口 —車6km— 千本杉沢 —車1km（22km）— 森吉山荘 —車8km— 太平湖グリーンハウス（遊覧船乗り場） —船30分 徒歩40分— 三階の滝

連瀬沢入口 —徒歩120分— 連瀬沢上流

森吉山荘 —車9km— クマゲラ保護センター —徒歩30分— 赤水沢分岐 —徒歩10分— 桃洞の滝 —徒歩60分— 男滝

赤水沢分岐 —徒歩50分— 九階の滝登り口 —登り30分— 九階の滝稜線

（船の乗船時間は56ページ）

赤水沢・九階の滝

県北の滝

北秋田市
KITAAKITA

赤水沢・九階の滝

森吉山荘を過ぎたところで右折しクマゲラ保護センターへ。ここからブナ林の遊歩道を30分歩くと、赤水沢と桃洞沢の分岐である。分岐から左の赤水沢に入り、しばらく遊歩道を歩くが、途中から沢に入っての遡行となる。川床は一枚岩盤で歩きやすく、小ぶりの滝や甌穴の連続。この素晴らしい渓相に触れるため、行楽シーズンになるとたくさんの人が訪れる。渓谷を40分ほど歩くと岩盤の割れ目に湧き水があるが、この水は超軟水である。ここを過ぎると九階の滝を眺望できる登り口が左上方に伸びるが、急斜面なので細心の注意が必要。稜線に出てそのまま少し右方へ移動すると、滝を展望できる場所に着く。遠くに見える落差135メートルの滝は圧巻である。

赤水沢　難易度3　推定落差5～7m

九階の滝　難易度5　推定落差135m

赤水沢涵滝　難易度3　推定落差20m

赤水沢上流　難易度3　推定落差7m

桃洞沢

県北の滝

北秋田市
KITAAKITA

アドバイス

桃洞の滝の上流へは滝の右斜面を登っていくが、滑りやすい。フェルト底の靴などが必要。夜の撮影は紅葉の時期が最適で、滝の真上にくっきり浮かぶ月の光が谷間の紅葉を意外なほど明るく照らしてくれる。

桃洞の滝 難易度2　推定落差20m

桃洞沢

夜の桃洞の滝を撮るため3年連続で訪れた。最初は9月で蚊の大群に見舞われ、3度目は"未確認飛行物体"に遭遇したが、それでも夜の滝は魅力的である。

桃洞沢への起点はクマゲラ保護センター。ここに車を止めてブナ林の遊歩道を歩き、桃洞沢と赤水沢の分岐を経て滝へは約40分で到着する。夜空に浮かぶ満天の星。周りの色づいた紅葉が月明かりに照らされ、昼とは違った幻想的な光景が広がる。

桃洞の滝の上流には八段の滝、中滝、男滝などがあり、様々な景観の滝が見られる。

桃洞の滝下流 難易度2　推定落差3m

中滝 難易度5 推定落差7m

桃洞の滝上流 難易度5 推定落差3m

六段の滝 難易度2 推定落差60m

八段の滝 難易度5 推定落差30m

男滝 難易度5 推定落差10m

桃洞の滝下流 難易度2 推定落差3m

ノロ川 小又峡の滝

県北の滝
北秋田市
KITAAKITA

ガマ渕 難易度2 推定落差5m

曲滝 難易度2 推定落差7m

穴滝 難易度2 推定落差5m

化の滝 難易度2 推定落差3m

小又峡

秋田県の名勝及び天然記念物である小又峡へは太平湖グリーンハウスから遊覧船で対岸に渡って歩いていく。その散策ルートは一枚岩盤の甌穴や滝の連続で、変化に富んだ渓谷である。特に狭い廊下状の「化の堰」は人工的で不思議な景観を醸し出している。ここへは約30分で、三階の滝はすぐである。三階の滝は水量が多い春が見ごろで、噴煙を上げるように落ちる様は豪快である。

この滝の上流へ至るには左から流れ込む「化の沢」からの登りとなる。急斜面に打ち込まれた鉄筋とアルミの梯子を慎重に上がっていく。このあと六階の滝が見える稜線までは約20分である。六段のうち見えるのは三段だけだが、その大きさや勢いよく落下する様は素晴らしい。

さらにノロ川上流へ続く急な稜線をたどると、いったんは沢に下りるなどして扇ノ沢に向かう。途中、遥か下にかなりの落差がある滝が見える。やがて扇ノ沢へ下り立ち、少し下流へ歩いていくと滝になっている。この滝を下りるにはザイルが必要なので断念する。たぶんこの滝が「佳滝」であろう。

扇ノ沢からまた稜線へ向かうと、さっきの滝の頭が見えるので、途中の斜面からこの滝を撮影する。この滝の上流も「化の堰」と同様に狭い堰状の流れが続き、その奥にもまた滝の頭がかすかに見える。ヤセ尾根の続く登山道は少しずつ沢筋から離れるので、今回はここで引き返す。ここまでの所要時間は撮影時間も含めて2時間である。

アドバイス

グリーンハウスから遊覧船乗り場までは急勾配の下りなので、帰路はバテないようゆっくり登った方がいい。遊覧船は午前9時30分から午後3時30分まで1時間おきに運航。乗船時間30分。（小又峡からの最終便午後4時）

(地図、路程表は52ページ)

56

六階の滝 難易度5　推定落差30m

化の堰 難易度2

三階の滝 難易度2　推定落差40m

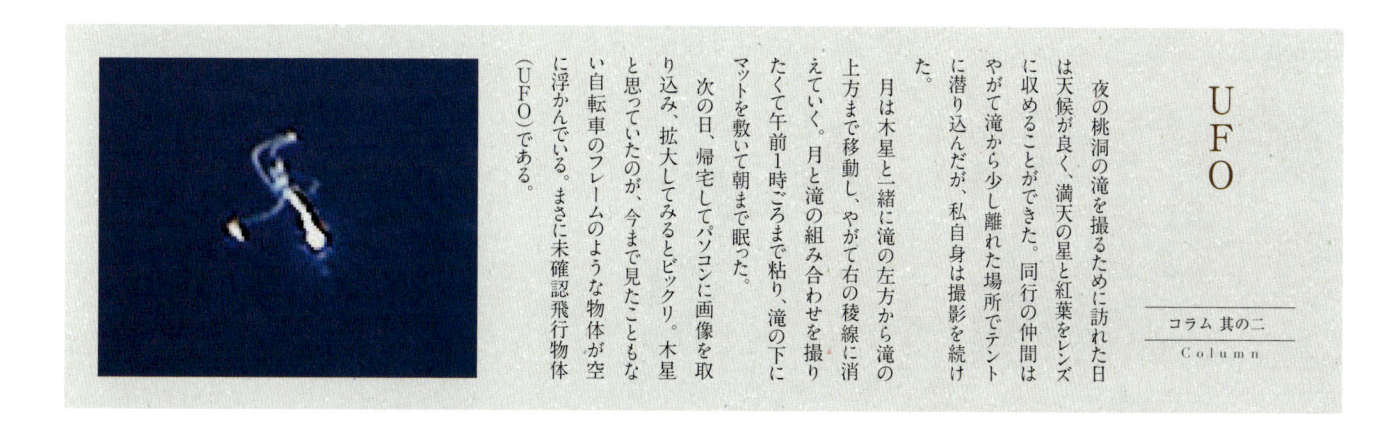

UFO

コラム 其の二
Column

夜の桃洞の滝を撮るために訪れた日は天候が良く、満天の星と紅葉をレンズに収めることができた。同行の仲間はやがて滝から少し離れた場所でテントに潜り込んだが、私自身は撮影を続けた。

月は木星と一緒に滝の左方から滝の上方まで移動し、やがて右の稜線に消えていく。月と滝の組み合わせを撮りたくて午前1時ごろまで粘り、滝の下にマットを敷いて朝まで眠った。

次の日、帰宅してパソコンに画像を取り込み、拡大してみるとビックリ。木星と思っていたのが、今まで見たこともない自転車のフレームのような物体が空に浮かんでいる。まさに未確認飛行物体（UFO）である。

六郎沢・土川・魚の沢の滝

県北の滝
北秋田市
KITAAKITA

アドバイス

2014年の水害は至る所に爪跡を残した。六郎沢、土川、魚の沢は土砂崩れのため、比内と鹿角の分岐で通行止め（同年末現在）である。

六郎沢の滝

県道比内森吉線の比内と鹿角方面の分岐点から六郎沢に沿って約5㌔進むと、右に入るネギ沢林道の入口がある。入口には六郎沢に架かる橋があり、その下のモミジは秋に鮮やかな赤と黄に染まる。上流には小さい滝もあり、滝と紅葉のコントラストが見事である。

土川・魚の沢の滝

ネギ沢林道を進むと峠で二叉に分かれ、直進すると土川の上流へ向かう。また、右へ行くと下流方向で、急傾斜と悪路のため乗用車では無理と思われるが、土川に沿って進むと太平湖へと続く。途中、左に入る魚の沢林道があり、橋の下に土川の滝がある。滝の手前にあるムラサキヤシオの咲く春が見ごろである。

魚の沢林道は少しで通行止めとなり、徒歩で上流まで行けばあまり大きくないが、いくつか滝がある。

六郎沢の滝 難易度1　推定落差5m

土川ナメ床 難易度2　推定落差3m

土川の滝 難易度2　推定落差5m

魚の沢の滝 難易度3　推定落差3m

魚の沢の滝 難易度3　推定落差3m

（地図は52ページ）

58

冷水沢の滝

県北の滝

北秋田市
KITAAKITA

一つ目の滝 難易度3　推定落差10m

ナメ状の滝 難易度3　推定落差5m

ナメ状の滝 難易度3　推定落差5m

二つ目の滝 難易度4　推定落差10m

冷水沢

比内と鹿角の分岐点から鹿角方面に直進すると二番奥の沢が冷水沢である（ただし2014年末現在通行止め）。分岐点から砂利道を約8キロ走ると冷水沢の入口に到着する。ここから峠越えをすると夜明島渓谷である。

冷水沢の入口すぐの橋から沢に入る。雨の後だったので水量が多くて歩きにくいが、1時間ほどで一つ目の幅のある10メートルぐらいの滝が現れる。向かって左を登って上流に出ると、川床は白いナメ状で気持ちがいい。

そこから約30分で二つ目の滝が現れる。これも幅のある滝で落差は10メートルぐらいだが水量は多く、迫力がある。帰りは下流まで下り、左斜面にある林道に出て車に戻った。

太平湖グリーンハウス —車8km— 比内町鹿角方面分岐 —車8km— 冷水沢 —徒渉90分— 二つ目の滝

59　（地図は52ページ）

小様川本流・支流 一ノ又沢

県北の滝

北秋田市
KITAAKITA

一ノ又沢 難易度3 推定落差7m

小様川本流 難易度3 推定落差7m

一ノ又沢 難易度3 推定落差5m

小様川左岸支流 難易度2 推定落差15m

一ノ又沢

　国道105号線を阿仁前田から南下すると阿仁吉田集落がある。その手前を左折、阿仁川に架かる橋を渡った後、トンネルを抜けると小様川が見えてくる。川沿いに上流方向へしばらく行くと小様川に架かる橋があり、少し急な斜面を進むと対岸の左岸支流に15メートルの滝、そして本流の下には落差7メートルの豪快な滝が見える。さらにこの滝の上流へ向かうと道は二つに分かれ、左が一ノ又沢である。また、その分岐から2キロほどで一つ目の滝、さらに上流に二つ目の滝が現れる。落差はあまりないが、きれいな流れの滝である。

アドバイス

小様川本流の滝も一ノ又沢の滝も下流から遡ることになる。一ノ又沢へ向かう途中の道路は悪路である。

| 国道105号
阿仁町吉田
（左折） | 車3km | 小様 | 車6km | 本流の滝 | 2km（11km） | 一ノ又沢の滝 |

荒瀬川の滝

県北の滝

北秋田市
KITAAKITA

荒瀬川本流 難易度3 推定落差5m

荒瀬川支流 難易度3 推定落差10m

荒瀬川支流 難易度3 推定落差7m

荒瀬川本流 難易度3 推定落差7m

梯子滝 難易度1 推定落差5m

横滝 難易度2 推定落差7m

荒瀬川支流

阿仁合から阿仁スキー場へ向かい、約2㌔にある寛文坑橋の手前を左折、林道に入る。約1㌔で対岸に沢が見えるので、手前の空き地に車を止め、川を渡って沢に入る。すぐ目の前に10㍍ぐらいの滝が現れる。三段のスマートな滝である。

林道に戻り、阿仁スキー場へ行く途中の天狗平橋の下に二つの滝がある。急斜面を注意しながら下りると、約5㍍の迫力のある滝、少し下流には約7㍍のきれいな滝がある。

再び林道に戻り、200㍍ほど上流に行くと、右下に落差はあまりないが豪快な流れの滝が見える。さらに2㌔ほど上流には二段横長のきれいな横滝、その上流に5㍍の梯子滝が続く。

小岱倉沢支流 様ノ沢の滝

県北の滝

北秋田市
KITAAKITA

様ノ沢 難易度5 推定落差10m

様ノ沢 難易度4 推定落差5m

様ノ沢 難易度4 推定落差7m

様ノ沢

国道105号線をはさんで阿仁比立内の道の駅の向かい側に伸びるのが河北林道。ここへ入り、約2㌔にある採石場を左折して小岱倉林道を約8㌔進むと様ノ沢の標柱がある。空き地に駐車し、川を横断し沢沿いの林道を歩いていく。1時間ほどで左から流れ込む支流に7㍍ぐらいの滝が現れる。林道は上流へ進むと途切れるので、今度は沢を遡る。約20分で両側が切り立って狭くなるが、さらに上流へ。やがて両側に大きな白いスラブが現れ、1つ目の右の沢に上っていくと約10㍍の滝が現れる。ここから下流を眺める景観は壮大である。

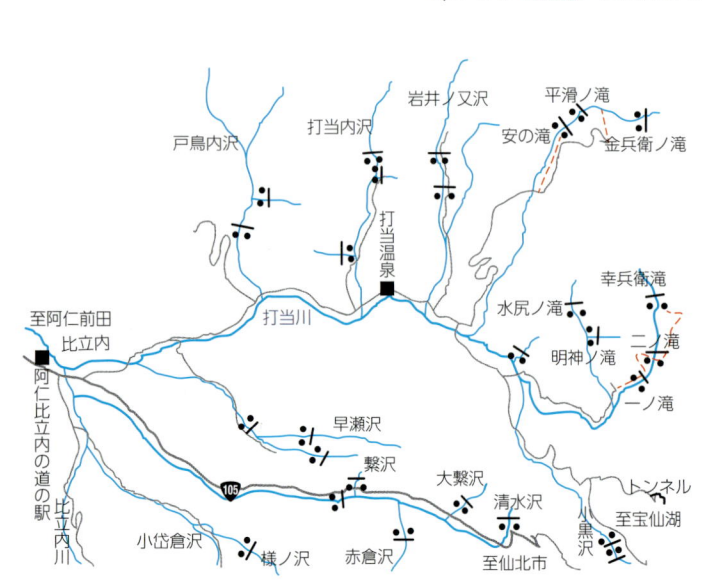

62

打当川支流 早瀬沢

県北の滝

北秋田市
KITAAKITA

早瀬沢本流 難易度2 推定落差3m

早瀬沢本流 難易度4 推定落差10m

早瀬沢長滝 難易度4 推定落差10m

早瀬沢本流 難易度3 推定落差7m

スケヅツ沢 難易度4 推定落差7m

早瀬沢

阿仁比立内の道の駅から打当温泉方面へ。野尻集落で右折すると山中へ伸びる道路があり、進んでいくと早瀬沢に行き当たる。沢沿いにさらに進んで最初に目にする標識がスケヅツ沢。この沢を遡ると30分ほどで一つ目の滝があり、落差は約7メートル。滝の右側斜面を巻いて上部へ出ると、20分ほどで沢は分岐。まず右へ入り、5分もすると糸状の7メートルの滝に着く。繊細な流れである。沢の分岐に戻り、左へ進むと約10分で15メートルぐらいの滝がある。が、水量が少なく迫力不足であった。水量の多い時は二つの滝が現れるそうである。

林道に戻って一つ目の橋を過ぎていくと左下の方から音が聞こえてくる。本流の滝である。林道わきに黒滝沢の標柱が立っていて、下っていく山道がある。行ってみると約3メートルの滝があるが、少し変わっている。メガネの形のようにも見える二つの岩の間から流れ落ちる滝で、初めてお目にかかる景観である。

また林道に戻り、しばらく行くと長滝沢の標識があり、さらに沢沿いに上流へ向かうと車は行き止まり。歩いて10分ほどで左下に落差15メートルぐらいの細長い長滝が見えてくる。長滝沢入口に戻り、今度は本流へ。約2キロで左下の方に落差のある滝が見える。さらに進むと滝の上に出るので、車を止めて斜面を下りると20分ほどで滝の下に到着する。見上げる滝は形も良く、紅葉期はモミジと滝の組み合わせが素晴らしいと思われる。

阿仁比立内の道の駅 —車4km— 早瀬沢入口 —車1km— 戸鳥内沢入口 —車1km— 打当内沢入口 —車1km— 打当温泉 —車4km（11km）— 安の滝入口

63 （地図は62ページ）

打当川支流 戸鳥内沢・打当内沢

県北の滝

北秋田市
KITAAKITA

戸鳥内沢

早瀬沢入口を過ぎて1キロほど行くと森吉山登山道戸鳥内コースの標柱があり、入っていくと戸鳥内である。集落内を通って砂利道をしばらく進むと沢が近くなり、一つ目の滝が見える。水量が多く豪快な滝である。その上流へ向かうとゴーロ状の岩が続き、30分ほど遡れば作業道と交わる。その作業道を少し行くと右から流れ込む沢があり、20分ほど行くと10メートルの滝が現れる。

戸鳥内沢 難易度3 推定落差(左)10m (右)5m

打当内沢 難易度4 推定落差7m

打当内沢 難易度4 ナメ滝

打当内沢 難易度4 推定落差30m

打当内沢 難易度4 推定落差20m

打当内沢

阿仁比立内の道の駅から打当温泉へ向かう途中、今は営業していない遊遊ガーデンの手前から左の打当内集落へ折れる。そして3キロほど先にある二つ目の橋の手前に駐車、沢を遡っていく。雨が降った後で水量が多く、しかも大きな石がゴロゴロしていて歩きにくい。堰堤を越え、10分ほどで最初の滝が見える。左30メートルの滝と右40メートルの滝がV字状に流れ落ちる県内でも珍しい滝である。沢は依然として流れが強く、遡行に苦労するが、20分ほどで対岸に糸状の滝、さらに30分ほどで目的の滝が現れる。落差は20メートルあり、豪快に流れ落ちる滝である。水の飛沫が陽に照らされキラキラしている。そこからすぐの場所に、黒い岩に囲まれた二段7メートルの滝があり、行く手を阻まれる。打当川の支流はどこへ行っても素晴らしい滝がある。

	車1km	車3km	徒歩80分	
戸鳥内入口	—	打当内沢入口(左折)	— 二つ目の橋 —	最後の滝

(帰りは上方の林道を歩いたので車まで60分)

(阿仁比立内の道の駅からの路程表は63ページ)（地図は62ページ）

64

小黒沢

打当温泉・安の滝入口を過ぎブナ森林道を仙北市田沢湖玉川方面へ向かう。さらに幸兵衛滝のある立又渓谷方面を過ぎると、道路と交差する小黒沢がある。そのまま林道を進み、通行止めの旧ブナ森林道の少し下側からこの沢へアプローチする。通行止めの100㍍ほど手前で右に入る作業道があり、少し入ると行き止まりに。車を止めて作業道を上流へと進み、途中から右下を流れる沢に下りる。10分ほど遡行すると最初の滝が現れる。落差は10㍍ぐらいである。

滝の右斜面を巻いて上流へ20分ほどで右から流れ込む30㍍のスラブ、さらに10分ほどで20㍍ぐらいの滝が現れる。丸みを帯びた一枚岩盤の滝だが、残念ながら水量が少ない。

その滝の左斜面を上がれば旧ブナ森林道に出るので、さらに上流方向へ10分ほど歩いて沢へ下りてみると、すぐ7㍍ぐらいの滝が現れる。帰りは林道を歩き、車まで20分ほどだった。

小黒沢 難易度4　推定落差30m

小黒沢 難易度4　推定落差10m

小黒沢 難易度4　推定落差7m

小黒沢

県北の滝

北秋田市
KITAAKITA

小黒沢 難易度4　推定落差20m

安の滝入口 ──車2.5km── 幸兵衛滝入口 ──車2.5km── 駐車場 ──徒歩10分── 一ノ滝 ──徒歩20分── 二ノ滝 ──徒歩15分── 幸兵衛滝
(阿仁比立内の道の駅からの路程表は63ページ)
　　　　　　　　　　│車3km
　　　　　　　　　小黒沢　徒渉90分

65　(地図は62ページ)

中ノ又沢
安の滝・立又渓谷

県北の滝
北秋田市
KITAAKITA

安の滝 難易度2　落差90m

二ノ滝　難易度3　推定落差15m

幸兵衛滝　難易度3　落差108m

白糸の滝

安の滝の近くには、白糸の滝があり、黒い岩肌に白い糸を引くように流れる様は繊細そのものである。

白糸の滝　難易度3　推定落差60m

一ノ滝　難易度2　推定落差30m

安の滝

打当温泉から東へ4キロほど進むと安の滝入口である。ここから5キロに駐車場があり、さらに歩いて40分で滝に到着する。日本の滝100選に入る落差90メートルの素晴らしい滝である。

立又渓谷

安の滝入口から宝仙湖方面へ2.5キロほど車を走らせると、一ノ滝、二ノ滝、幸兵衛滝が見られる立又渓谷入口である。そこから2キロほどのところに駐車場があり、約10分歩くと最初の一ノ滝が現れる。四季折々に異なる姿を見せる名瀑である。

一ノ滝の左から稜線に出て約20分で二ノ滝が現れる。二段の素晴らしい滝である。そして急斜面を約15分上がっていくと最後の幸兵衛滝で、落差108メートルは圧巻である。

アドバイス

冬の撮影で心配なのは雪崩である。気温が低く、雪が締まっている早朝に出かけ、用心したい。また、道路も冬季通行止めの箇所が多いので、雪の降り始めのころが狙い目である。

67　(地図は62ページ、路程表は65ページ)

中ノ又沢安の滝上流 金兵衛・平滑の滝

県北の滝

北秋田市
KITAAKITA

平滑の滝 難易度4 推定落差7m

金兵衛の滝 難易度4 推定落差20m

平滑の滝下流 難易度4 推定落差3m

安の滝上流金兵衛・平滑の滝

安の滝の駐車場を過ぎて行くとかなりの悪路になるが、2㌔ほどのところに橋があり、そこに車を止めて林道を歩いていく。しばらくすると「佐渡・桃洞杉」へ向かう登山道が左側にあるので、そこに入っていく。途中、佐渡杉・桃洞杉への分岐点があるが、そのまま真っ直ぐに進んでいく。アップダウンを繰り返して1時間ぐらいすると川にたどり着く。金兵衛の滝へは右に進んで約30分だが、川床は滑るのでスパイク長靴などが必要。金兵衛の滝は何段にもなったきれいな滝である。

このあと、下流に戻って平滑（ひらなめ）の滝へ向かう。さきほど川に下りた地点からさらに下流へ向かう。途中に狭く深い場所があるので斜面上方を横切って進む。やがて川床は平らになり、平滑の滝に到着する。周辺の景観は一枚岩盤の甌穴がたくさんあり、変化に富んでいる。ここからさらに下っていくと安の滝の頭に至るが、滑落の危険性があるので、細心の注意が必要である。

打当温泉 ─車4km─ 安の滝入口 ─車5km─ 安の滝駐車場 ─車2km徒歩30分─ 登山道入口 ─徒歩60分─ 金兵衛の滝 ─徒渉30分─ 平滑の滝

安の滝 徒歩40分

(阿仁比立内の道の駅からの路程表は63ページ) (地図は62ページ)

繋沢・志渕内沢・大繋沢の滝

県北の滝
北秋田市
KITAAKITA

繋沢・志渕内沢・大繋沢

阿仁比立内にある道の駅を過ぎ、国道105号線を仙北市方向へ3㌖ほど走ると繋沢橋がある。そこを流れる沢の上流に7㍍の滝、橋を過ぎた所から右の本流に行くと落差はあまりないが整った滝がある。国道に戻り、さらに3㌖ほど走ると左から流れ込む志渕内沢がある。その沢を5分ほど遡っていくと繊細な滝がある。また国道に戻って2㌖ほどの地点で右の方に見えてくるのが赤倉沢。この沢を約40分遡ると5㍍ぐらいの滝がある。
再び国道に戻ってさらに進むと大繋沢があり、橋の手前に車を止めて約20分遡ると7㍍ぐらいの滝がある。この沢の上流が清水沢で、仙北市との境界に近い。

繋沢支流　難易度2　推定落差7m

繋沢本流　難易度2　推定落差3m

志渕内沢　難易度3　推定落差7m

大繋沢　難易度3　推定落差10m

清水沢　難易度3　推定落差5m

赤倉沢　難易度4　推定落差5m

阿仁比立内の道の駅 ─車0.3km─ 打当入口 ─車0.1km─ 比立内トンネル ─車2km─ 繋沢の滝 ─車3km─ 志渕内沢 ─車2km（徒渉5分）─ 赤倉沢（徒渉40分）─車2km─ 大繋沢（徒渉20分）─車1km（8.4km）─ 清水沢（徒渉10分）

69　（地図は62ページ）

萩形沢中流の滝

県北の滝

上小阿仁村
KAMIKOANI

本流ナメ　難易度2　推定落差5m

本流　難易度2　推定落差3m

道路脇　難易度1　推定落差10m

右岸支流　難易度2　推定落差(左)10m(右)15m

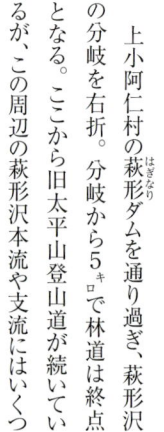

道路脇　難易度1　推定落差10m

道路脇　難易度1　推定落差10m

萩形沢中流

上小阿仁村の萩形沢(はぎなり)ダムを通り過ぎ、萩形沢の分岐を右折。分岐から5㌔で林道は終点となる。ここから旧太平山登山道が続いているが、この周辺の萩形沢本流や支流にはいくつかの滝がある。

国道285号　車12km　　車9km　　車5km（26km）　徒渉120分
萩形ダム入口 ─── 萩形ダム ─── 萩形沢分岐 ─── 萩形沢終点 ─── 大滝

萩形沢上流の滝

県北の滝
上小阿仁村
KAMIKOANI

大滝下流の滝 難易度4　推定落差(左)7m(中)5m(右)5m

萩形大滝 難易度5　推定落差50m

大滝下の滝 難易度4　推定落差5m

萩形沢上流

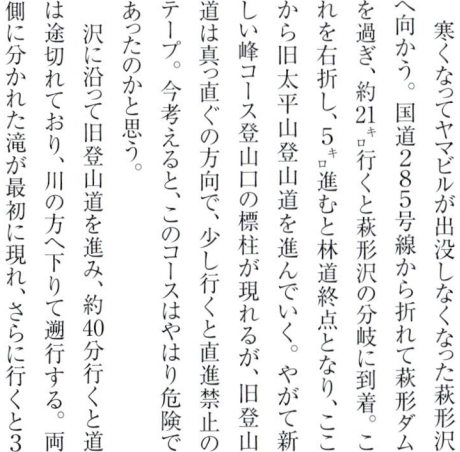

　寒くなってヤマビルが出没しなくなった萩形沢へ向かう。国道285号線から折れて萩形ダムを過ぎ、約21㌔行くと萩形沢の分岐に到着。これを右折し、5㌔進むと林道終点となり、ここから旧太平山登山道を進んでいく。やがて新しい峰コース登山口の標柱が現れるが、旧登山道は真っ直ぐの方向で、少し行くと直進禁止のテープ。今考えるとこのコースはやはり危険であったのかと思う。
　沢に沿って旧登山道を進み、約40分行くと道は途切れており、川の方へ下りて遡行する。両側に分かれた滝が最初に現れ、さらに行くと3㍍から5㍍ぐらいの滝が続き、歩き始めてから約2時間で大滝の下の滝に到着する。
　この滝は約5㍍で、さらに行くと旧登山道と合流。ここを上っていくと上の滝に着く。しかし、鎖が付いた急斜面があり、上がってみて見下ろすと目が眩みそうな高さである。
　大滝の下から大滝全体を見ると、落差約50㍍もあり、その名にふさわしい。

アドバイス

　帰途は沢でなく旧登山道を下りてきたが、急斜面でしかも滑りそうな岩の上を来なければならなかったので、沢伝いに帰った方が安全である。

71　(地図、路程表は70ページ)

大旭又沢支流 高穀沢の滝

県北の滝

上小阿仁村
KAMIKOANI

大旭又沢本流 難易度3　推定落差3m

15mの滝 難易度1

高穀沢 難易度4　推定落差7m

（地図は70ページ）

高穀沢

　萩形沢入口から林道を直進し、3キロほどで黒毛沢林道との分岐となる。これを右に進み、700メートルぐらい行くと、大旭又沢の入口。その本流に沿って森林軌道跡があるので、これをたどって上流へと向かう。

　途中の渓相は大きな岩が無数に転がる荒々しい流れである。約40分歩くと高穀沢の入口。本流を横切り、沢を遡行すると段瀑のような流れは続くが、残念ながら落差のある滝は見つけられなかった。

　大旭又沢入口へと戻り、林道を少しいくと左側に15メートルぐらいの滝が見える。

ツキノワグマ

コラム 其の三
Column

　この頃、クマを目撃することが多くなったような気がする。今まで一番近くで遭遇したのは5メートルぐらい先からいきなり出てきた時だが、瞬間的に大声を上げたら向こうがびっくりして逃げた。

　何十回となく出くわしている友人は、遭遇したらクマの目を見て、クマが立ち上がっても絶対動かないことだという。ただ、子連れの場合はすぐ逃げた方がいい。親グマが子グマのそばを離れないからだそうである。

　一般的に、奥山にいるクマは警戒心が強く、音を出して行くと人を避けようとする。が、人と接する機会が多い所にいるクマは人に慣れていて一番危険である。

　有害駆除で撃たれるクマのほとんどが若いクマだが、この若いクマが最も人と接する機会が多いようだ。

　一度、ヘリコプターでの動物調査に同行したことがあるが、その際、山奥のブナの木の上で新芽を食べるクマは、ヒグマのような大物だった。力の強いクマが食べ物のたくさんあるエリアに陣取り、そこから弾き出された若いクマが人と接する所に多く生息しているような気がする。

　近年はクマに襲われて死者まで出ているが、これには人の行為も関わっている。弁当の残り、ジュース缶などを捨てて帰った後、クマがこれを食べて味を覚え、人を襲ってこれを奪おうとしたことにより発生する事故である。山へ入るときは必ず鈴など音の出るものを身に付ける。食べたゴミは必ず持ち帰る。子グマを目撃したらそばに近づかない―など、基本的なマナーを守ることが、クマから身を守る一番大事なことのように思う。

フォトガイド名瀑紀行

中央の滝

大倉又沢の滝

中央の滝

五城目町
GOJOUME

大倉又沢 難易度4 推定落差5m

大倉又沢 難易度4 推定落差7m

大倉又沢・三階の滝

夏はヤマビルがいるので、撮影行はどうしても肌寒い季節になってしまう。

大倉又沢は両岸が急なので、滝は糸状も含めるとかなりの数がある。五城目町の杉沢発電所を通り過ぎ、二つ目の橋の手前を左折すると大倉又沢に通じる。左折せず真っ直ぐ行くと蛇喰集落がある。萱葺屋根の家が数軒立っており、冬の光景が好きで何回か訪れている。

阿仁又と書かれた標識を左折し、2.5キロぐらいで阿仁又沢と大倉又沢の分岐点だが、大倉又沢へは右上方の林道を行く。峠を過ぎて1キロぐらいでまた

74

大倉又沢三階の滝　難易度4　推定落差40m

	車17km	車2.5km	
五城目町	─	阿仁又入口	─	大倉又沢分岐

	車6km	徒渉60分	
	─	大倉又沢行止り	─	三階の滝

分岐点があるので、そこは直進する。この間、本流と支流にいくつか滝があるので、その音を聞きながら進む。林道は約4㎞で車両通行止め。車を止めて歩くことにする。この日は天候に恵まれたうえ、紅葉は今が盛り。さらに前夜の雪が頂上付近を覆い、これらの絶妙な組み合わせを運良く鑑賞することができた。

約10分歩くと林道は沢に差し掛かって終点だが、そこから馬場目岳への登山道が続いているので、これをしばらく進む。また10分歩くと登山道は右の急斜面に伸びるので、ここからは沢を遡る。大きな岩を越え、沢を進むこと約15分。最初は三階の滝と思ってしまった7㍍ぐらいの滝に到着する。しかしよく見ると、二段しかない。

それで登山道まで戻って急斜面を登っていき、先ほどの滝を越えた辺りまで行く。登山道はまだ上方に伸びるが、よく見ると左の沢の方へも行けそうである。そして約5分後、三階の滝が目の前に見えてきた。滝の真正面の尾根から眺める三階の滝は、落差、水量とも申し分なく、素晴らしい。3度目の正直でやっと目にしただけに、しばし感動の余韻に浸る。

しばらくシャッターを押し続けた後、どうしても三段のうちの下段の滝に行ってみたい衝動に駆られ、急斜面を下ることにした。眺望したときの下段の滝はかなり大きく見えたが、実際に近づいてみると迫力はあまり大きく感じられなかった。尾根から見る中段の滝がもっともアングルとしては良いようである。

帰路は登山道を戻ったが、急斜面のルートなので注意しないと危険である。車から滝までの所要時間は約1時間である。

（2014年10月現在、阿仁又の標識の地点で通行止め）

旭川支流 軽井沢の滝

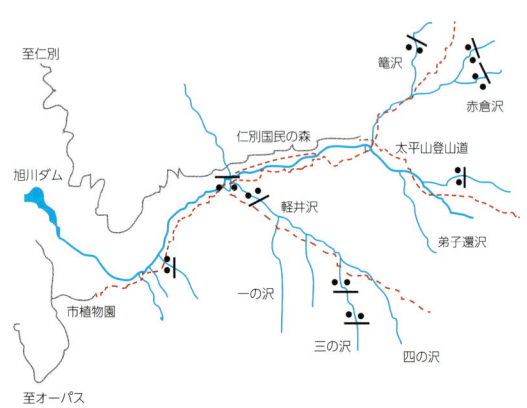

中央の滝

秋田市 AKITA

軽井沢三の沢 難易度4 推定落差3m

軽井沢本流 難易度4 推定落差3m

旭川支流 難易度2 推定落差10m

軽井沢三の沢 難易度4 推定落差7m

軽井沢三の沢 難易度4 推定落差5m

軽井沢三の沢 難易度4 推定落差10m

軽井沢

秋田市仁別国民の森にある森林博物館の駐車場から沢へ向かう。務沢駅跡の標柱から下っていくと自転車道だが、10分ぐらい歩くと旭川支流から流れ落ちる滝が早速現れる。10メートルぐらいの繊細な滝である。そこを過ぎるとすぐ左に入る太平山軽井沢一の沢登山道がある。

軽井沢には一の沢から六の沢まであり、一番流れが太いといわれる三の沢へアプローチする。沢沿いに進むと軽井沢本流には小さな滝が連続するのが分かる。約15分で一の沢だが、この少し手前に太平山前岳への標柱があり、登山道は沢と離れる。左手に下りて二の沢を目指し、約20分で入口に到着。ここまで来ると本流の流れは緩やかになっている。

二の沢入口から約20分で三の沢入口である。少し休んだ後、これを遡る。最初に現れるのが、7メートルぐらいのナメ滝。これを越えると次第にゴーロ状になる。そして3メートルの滝。さらにこの滝の左斜面を直登して越え、少し行くと5メートルの滝で、これも越えると10メートルの滝と連続して現れる。ここまで沢の入口から約1時間である。

（軽井沢一の沢登山道は現在、入口から通行止め）

篭沢・赤倉沢の滝

中央の滝
秋田市
AKITA

篭沢

篭沢へ至るには、秋田市仁別国民の森の太平山登山道から左に折れ、馬場目岳登山道の方へと進む。約10分で篭沢と赤倉沢の分岐で、左が篭沢である。ここから15分ぐらいで堰堤があり、その右側を巻いていくと沢は左右に分かれる。最初は左に進み、約15分で3㍍ほどの滝がある。次に右の沢を遡行し、約20分で6㍍の滝、さらに約20分で5㍍の滝がある。いずれも水量が少なく、迫力不足は否めない。

篭沢左 難易度3　推定落差3m

篭沢右 難易度3　推定落差5m

篭沢右 難易度3　推定落差6m

赤倉沢

篭沢との分岐から杉林の中を通り、右の沢に下りていくと赤倉沢である。少し遡ると沢沿いに林道があり、これを歩いて約40分で沢の分岐に至る。地図上の滝マークは左の沢にあり、5分ぐらいで7㍍の滝が現れる。この滝の向かって右斜面の山道を登って巻いていく。するとすぐ上流に5㍍ぐらいの滝がある。
ここで引き返し、今度は分岐点から右の沢へ入る。遡行していくに従い、流れは苔の付いた青々とした様相に変わっていく。約30分で写真右下の滝に着く。

秋田市	—	仁別 (直進)	—	太平山仁別 登山道入口	—	篭沢入口	—	赤倉沢
車14km		車13km		徒歩10分		徒渉60分 徒歩40分		徒渉60分

赤倉沢 難易度4　推定落差7m

赤倉沢 難易度4　推定落差10m

77　(地図は76ページ)

太平川支流 深木沢の滝

中央の滝

秋田市
AKITA

アドバイス
太平川は水がきれいで、登山道を歩いていくと流れに変化のある渓相が見られ、多くの撮影ポイントがある。1時間ぐらいで不動滝である。

深木沢

野田地区の太平山野田口登山道入口から太平川に沿って伸びる林道の行き止まり手前に位置するのが深木沢。沢の入口から上流を見やると、釜が続くきれいな渓相である。

沢へは向かって左の山道を上っていくが、少し進むと取水口があり、山道はここで途切れる。ここからは沢を遡る。少しすると左の沢から流れ落ちる糸滝、さらに進むと5メートルぐらいの滝、そしてこの滝の右斜面を巻いていくと7メートルぐらいの滝が下の方に見えてくる。

深木沢はナメ状の岩肌が続き、変化に富んだ景観だが、落差があって迫力もある滝は期待薄のようである。

深木沢中流 難易度3　推定落差5m（上下いずれも）

深木沢入口 難易度1　推定落差10m

深木沢中流 難易度3　推定落差7m

秋田市 ——車15km—— 太平山野田口登山道入口（左折）——車4km　徒渉60分　車0.5km(19.5km)—— 深木沢 —— 登山口（車行き止まり）

井出舞沢 難易度5　推定落差(左)15m　(右)60m

井出舞沢入口 難易度3　推定落差10m

井出舞沢 難易度5　推定落差30m

井出舞沢の滝

中央の滝

秋田市
AKITA

井出舞沢

　岩見三内地区を通って岩見ダムへと向かい、ダムを越えた所でまた子グマに遭遇した。ぬいぐるみのような可愛い姿で車の前を横切ったが、傍には必ず親グマがいるので要注意である。

　キャンプ場のある井出舞沢園地から左の橋を渡ると岩見川支流の井出舞沢である。かつては白子森登山道まで林道が通じていたが、今は4キロも走ると車は行き止まりになる。そこから歩いて上流に向かうが、周辺の斜面が急峻で足がすくむ場所がいくつもある。

　西荒沢を左に見て、車から40分ぐらい歩くと、目的の沢への入口になる。山道から急斜面を下り、沢の合流点で正面の沢の方へ向かう。約20分で一目の分岐点。最初は左の沢へと進み、約15分もすると左右に滝が現れる。右側の滝は落差が60メートルもありそうで大きい。その上にも滝があるので、左側の滝の上方から大きく巻いていくことにする。

　左の滝は落差約15メートルで、黒光りする岩肌が印象的だ。真っ直ぐ切り立っているこの滝の左を巻いて上に出る。さらに上流の途中から右の稜線を目指し、最初の滝の上へと大きく高巻く。急な斜面を横切り、小さな沢をいくつも越え、三つ目の滝に着いたのは歩き始めて5時間後である。

　そしてまた対岸の斜面を登ってこの滝も30メートル以上の落差があり、感激しながらシャッターを切る。

　二つ目の滝の上にあるこの滝も30メートル以上の落差があり、感激しながらシャッターを切る。

　そして下っていく。やっと林道に戻り、山容を振り返ってみると、雄大かつ急峻で簡単には近づけない様相であることが分かる。

（井出舞沢方面へは法面崩壊のため岩見ダムで通行止め。2016年秋まで工事の予定）

朝日又沢の滝

中央の滝

秋田市
AKITA

アドバイス
釣り人が何人か滝の下などで亡くなっているので、水量が多い日は諦め、次の機会にトライしていただきたい。

朝日又滝ノ沢　難易度4　推定落差5m

朝日又大滝　難易度3　推定落差20m

朝日又滝ノ沢　難易度4　推定落差5m

朝日又沢

　岩見三内地区の大又川の上流へ向かうが、途中の伏伸の滝を眺めやると台風の影響か、やはり水量はかなり多い。
　そこから8キロぐらい進み、大又川にかかる橋を渡り切って右に入っていくと、朝日又川に通じる林道である。しかし、林道は荒れており、橋のそばの空き地に車を止め、歩いていく。すると30分ぐらいで朝日又大滝が右下に見えてくる。轟音を響かせて流れ落ちる二段の滝は恐ろしいほどの威圧感が漂う。そこからさらに上流へ進むといくつか滝があり、いずれも今まで見たことがない迫力である。
　歩いてから約1時間。山道は途切れ、沢の遡行に移るが、やはり水量が多く、これ以上進むのは無理なようだ。山を大きく高巻きし、尾根を二つぐらい越えたが、目的の場所は遙か遠く、辿り着けそうもない。あきらめて手前の滝ノ沢に入ることにした。
　途切れた山道を少し戻ると、滝ノ沢入口にかかる5メートルぐらいの滝が見えてくる。この滝を越え、少し行くと二つ、三つとあまり大きくない滝が連続する。そして、その滝を越えると20トルぐらいの滝が目の前に現れる。滝ノ沢といわれるぐらいだから必ずいい滝があるだろうと期待して来たのが報われたよ

（地図、路程表は83ページ）

朝日又滝ノ沢 難易度4　推定落差(左)20m　(右)10m

朝日又本流 難易度4　推定落差5m

朝日又本流 難易度4　推定落差7m

朝日又上流 難易度4　推定落差50m

うである。

3度目のトライとなった今回は、本流上流にある50㍍の滝を目指す。滝ノ沢から約30分で右から流れ込む熊沢があり、ここにも滝はあるが、まずは通り過ぎて本流を進む。熊沢から約45分で7㍍の滝に到着する。そして向かって左の斜面を登って上流に出た後、5分ぐらいで左から合流する北又沢との合流点に出合うが、ここは右の方へと進む。約30分で目的の滝が見える場所に着く。その滝は中又沢との合流点の右にある南又沢の少し上流にある。

遡行すると少し深くなっている所があるので、向かって左の斜面を巻く。滝の下に着くと、その大きさにあらためて感動する。落差は約50㍍あり、秋田市にこのような大きな滝があること自体が驚きである。ここまでは入口から約2時間半である。

小又川の滝

中央の滝

秋田市
AKITA

白糸の滝 難易度2　推定落差20m

下流 難易度2　推定落差7m

中流 難易度2　推定落差10m

中流 難易度3　推定落差5m

小又川

岩見三内地区から旧協和町方面へ抜ける県道を車で行き、大又川入口を過ぎると小又川沿いに上流へ伸びる林道入口があるので、ここを左折して進んでいく。林道沿いには糸状の滝や本流の清冽な滝が見られる。また、途中からは歩いていくことになるが、上流にはさらに20㍍の白糸の滝がある。

（2014年10月現在、林道は入口から1㌔地点で通行止め）

国道13号　　　　　　車17km　　　　　　車9km　　　　　　徒渉150分
岩見三内入口　　──　大又川入口　──　朝日又沢入口　──　50mの滝
（左折）
　　　　　車1km　　　　　　　車9km　　　　　徒歩5分
小又川入口　──　　　車止め　　　──　　白糸の滝

大内三階の滝・赤田大滝

中央の滝

由利本荘市
YURIHONJOU

大内三階の滝

秋田市雄和から由利本荘市に抜けるルートで向かう。高尾山麓の石巻の清水を過ぎ、西仙北方面との信号を右折、さらにトンネルを抜けていくと新沢郵便局がある。その100メートルぐらい手前から右の狭い道路に入る。300メートルほど先の橋を渡って左に真っ直ぐ進み、700メートルぐらいで大内街道跡駒込峠の標柱があり、少し急な坂をそのまま100メートルぐらい進むと左に駐車スペースがある。そこから歩いて下の方へ下りていくと小さくて古い堰堤があり、さらに川を遡ると大きな堰堤に突き当たる。この堰堤の左手から上流へ向かうと川は左右に分かれており、左の方へ約15分行くと滝に到着する。水は少ないが、15メートルぐらいの見応えのある滝である。

三階の滝　難易度3　推定落差15m

赤田大滝

由利本荘市から国道105号線を大仙市方面に向かう途中、赤田大仏への案内板があるので、これに従って右折する。大仏の前を過ぎ、さらに進んでいくと赤田大滝の案内標識があるので、そこを左折。狭い舗装道を進むと砂利道になり、さらには駐車場にどり着く。滝へは遊歩道を進んで5分ぐらいである。二段になった変わった形の滝である。

赤田大滝　難易度2　推定落差20m

84

子吉川支流 不動滝・源流の滝

中央の滝

由利本荘市
YURIHONJOU

不動滝 難易度2　推定落差15m

子吉川源流 難易度3　推定落差5m(上下いずれも)

不動滝・子吉川源流

国道108号線を鳥海町方面に向かう途中、法体の滝への入り口がある。これを入っていくと大川端で法体の滝方面と猿倉温泉方面に分かれるので、右折して猿倉温泉の方へと進む。

道路はいずれ鳥海山祓川登山道へと続くが、猿倉温泉付近に湯ノ沢という所があり、ここから左折し、約1㌔進む。道路下に暗渠があって川が流れており、ここから上流へ5分も行くと不動滝に着く。落差は15㍍ぐらいである。

この不動滝の入口から車で少し進み、発電所の空き地に車を止め、山道を上っていくと導水管がある。この導水管に水を引くため左の方に側溝があり、さらに管理用道路があるので、ここを30分ぐらい歩いていくと子吉川の源流部に出る。川は大きな岩が堆積して上流へと続いている。このゴーロ帯の中に5㍍ぐらいの滝がいくつか見られる。

鶯川の滝

中央の滝
由利本荘市
YURIHONJOU

鶯川 難易度4 推定落差7m

鶯川滝下流 難易度4 推定落差5m

鶯川

不動滝のある湯ノ沢から猿倉温泉を経て鳥海山祓川登山道の方へ向かう途中に奥山牧場があり、さらには板平発電所取水口で祓川方面と法体の滝方面との分岐があるので、これを右折し、祓川方面へと進む。まもなく道路は川に近くなり、発電用の取水口と空き地があるので、ここに駐車する。取水口をたどると川べりに着き、約50分遡ると川幅は急に狭くなり、3メートルから7メートルぐらいの滝が連続している。あまり大きな滝ではないが、勢いはある。

アドバイス

「イワヒゲの滝」と地元で呼ばれる滝も七ツ釜の滝も、雪の残っている時期でないと滝らしい滝にはならないようだ。また、雪は固くて滑りやすいのでスパイク長靴などが必要。七ツ釜の滝では滑落死の事故もあったといい、十分に気を付けたい。

国道108号法体の滝入口（右折） ─車4km─ 鳥海町大川端（右折） ─車0.2km─ 猿倉温泉・矢島分岐（左折） ─車3km─ 湯ノ沢 ─車1km 徒歩5分─ 東北電力板平発電所取水口（右折） ─車1km─ 鶯川入口 ─徒歩50分─ 滝

子吉川源流 不動滝 徒歩30分
車7km（14.2km）
車4km
鳥海山祓川登山口駐車場
赤滝 徒歩30分

86

鶯川赤滝 難易度4 推定落差10m

赤滝隣の沢（上）赤滝下流（下） 難易度4 推定落差5m

鶯川赤滝

鳥海山の祓川登山口駐車場の前を通り、木道の登山道を進んでいくと、辺りにはミヤマリンドウやウメバチソウが真っ盛りである。木道を過ぎ、湧き水まで来ると、直進の登山道とは別に左の沢へ行く山道がある。直進の登山道は途絶えるが、川へ下りると5㍍ぐらいの最初の滝が現れる。

この滝の上部へ出て5分ぐらいで川は二つに分かれ、前方に落差10㍍ぐらいの赤滝が現れる。鳥海山麓で少なからず見かける他の滝と同様、直線的に落ちる滝である。

赤滝の上部へは左の沢を少し上がって右に巻いていく。すると沢は二つに分岐。地図上でイワヒゲの滝は左の沢方向と思われるので進むが、途中で水が涸れている。間違ったかと、今度は右の沢に向かってヤブこぎするが、繁茂し放題なのできつい。10分ほどで湿原に出た後、沢の上流へとゴーロ帯を行く。しかしまた湿原に出たので、再び地図を確認。やはり左の沢が正しいようなので、また方向転換する。

最初の湿原を左に行くと、かすかな踏み跡がある。さらに進んで沢へ下りるとまもなくイワヒゲの滝があった。ただ残念ながら全くの涸れ滝である。やはり春の雪解け期以外は水が流れないようである。

この滝の右上部を通る祓川登山道へ出ようとして、またヤブこぎになったが、登山道にはなかなかどり着かない。気付かずにかなりの距離を登山道と並行して歩いてしまったのである。正確に地図を読まないと、とんでもないことになると思い知らされる。

やっと登山道に出て今度は七ツ釜避難小屋を目指す。急な登山道を進み、七ツ釜避難小屋に着いたのが約4時間後の正午である。すぐ七ツ釜の滝へと少し下りてみたが、ここも水がなく、今回は"涸れ滝紀行"であった。

檜山滝・法体の滝・穴滝

中央の滝

由利本荘市
YURIHONJOU

檜山滝・法体の滝・穴滝

鳥海町の中心部を走る国道108号線の途中に法体の滝の大きな案内標識があるので、これに従って滝を目指す。大川端地区で左折してしばらく進む。そして中直根中村地区を流れる川沿いを進んでいくと落差50メートルの檜山滝がある。

檜山滝入口からさらに3キロぐらい走ると、また法体の滝の案内標識があるので、ここを右折。山道を上り下りしていくと百宅地区となり、この集落を通って滝へと進む。しばらくして大きな園地があり、その奥の方に日本の滝100選の法体の滝がある。法体の滝園地からさらに道路を2キロぐらい進むと川の対岸に穴滝が見える。文字通り滝上部が穴になっており、その中を流れ落ちる滝である。滝は春先であればはっきりと見える。が、葉が茂ってくると見えにくくなる。

法体の滝 難易度1　落差57m

穴滝 難易度1　推定落差20m

檜山滝 難易度2　推定落差50m

```
                    檜山滝
               徒歩15分
            車6km        車7km
国道108号 ──── 檜山滝入口 ──── 百宅
法体の滝入口
                      車5km
                   法体の滝
                   車2km(20km)
                     穴滝
```

（地図は91ページ）

朱ノ又川 三条の滝

中央の滝

由利本荘市
YURIHONJOU

三条の滝(赤い滝)(左)(右) 難易度4 推定落差60m

大倉の滝 難易度3 推定落差60m

三条の滝

大倉の滝のある朱ノ又川へは今回で3度目。雪渓の残る鳥海山から流れ落ちる滝はさぞ豪快だろうと、また探訪することにした。

鳥海町の百宅地区を通り、鳥海山百宅登山口のある大清水園地へ向かう林道を進む。林道入口には登山口まで14キロの標識。車を走らせ、登山道入口の標識を右折。上玉田渓谷に架かる橋を渡り、砂利道をしばらく行く。快晴なので鳥海山の白く光る残雪が青空にくっきり浮かび上がる。やがて駐車場のある大清水園地に到着。三条の滝（地元で呼ばれている）の一つ「赤い滝」が見える。

いよいよ大倉の滝の見える所まで登山道を進む。ブナ林を約40分登ると目的地である。滝はやはり水量があって豪快。谷に轟音がこだましている。この眺望場所の少し下から滝まで下りるが、竹やぶで三脚が引っかかり、難渋する。やがて崖のわきを慎重に下りていくと、三本の滝が見える場所に至る。ブナの樹間から望む滝は共鳴し合い、恐ろしいほどの音響である。この場所から少し下りると大倉の滝の真正面に位置する湿地帯に出る。青空に浮かび上がる大倉の滝の勢いは物凄い。

撮影していると、妙な泣き声がして下の竹やぶで何かが動き回っている。クマだと思い大声を出すが、逃げる気配がない。たぶん小グマがそばにいて、母グマがタケノコを食べているのだろう。泣き声はかつて森吉山麓の太平湖で聞いた小グマのものと似ている。鳥海山で先日、タケノコ採りの人がクマに襲われて亡くなったことを思い出し、すぐに道具をたたみ帰路に就いた。

89　（地図は91ページ）

赤沢川 右支流の滝

中央の滝

由利本荘市
YURIHONJOU

ナメ滝 難易度4　推定落差10m

入口の滝 難易度1　推定落差10m

中流 難易度4　推定落差(左)7m　(右)7m

赤沢川右支流

　大清水園地から鳥海山山頂部を見ると例年より残雪が多い。
　百宅口登山道の右には朱ノ又川、左に赤沢川が流れ、赤沢川は途中で二つに分かれる。その左の沢は次郎滝へ至るが、今回は右の沢へ向かう。大清水園地を過ぎて2㌔ほどの橋から上流を見ると、まず一つ目の滝がある。落差10㍍ぐらいの端正な滝である。
　上流へはこの滝を巻いていくが、今回は橋を過ぎた所にある小さな沢を遡って稜線に出て、沢へ下りる。すぐに10㍍ぐらいのナメ滝と7㍍ぐらいの滝がある。さらに上の稜線に出てこれらの滝を過ぎると、沢はゴーロ状の流れが続き、約1時間で次の滝となる。途中、花はトリカブトの花ぐらいしか見かけないが、鳥海山麓の沢の多くは色づいたキイチゴが目に付く。ただし土壌のせいか酸っぱくて苦味が口に残る。
　やがて四つ目の滝が現れるが、すぐ上流にも滝があり、下は7㍍、上は5㍍ぐらい。さらに右の沢を登って滝頭に出ると、上流に10㍍ぐらいの滝が見える。滝上は一枚岩のナメ状で滑りそうなので引き返す。

アドバイス

　次郎滝の沢から直線で500㍍程度の登山道に出ようとヤブこぎしたが、容易に出られない。横に進んだつもりが斜めに下りたようだ。少しでも不確実なら川を下って戻るのが無難である。

90

上流 難易度4 推定落差10m

上流 難易度4 推定落差10m

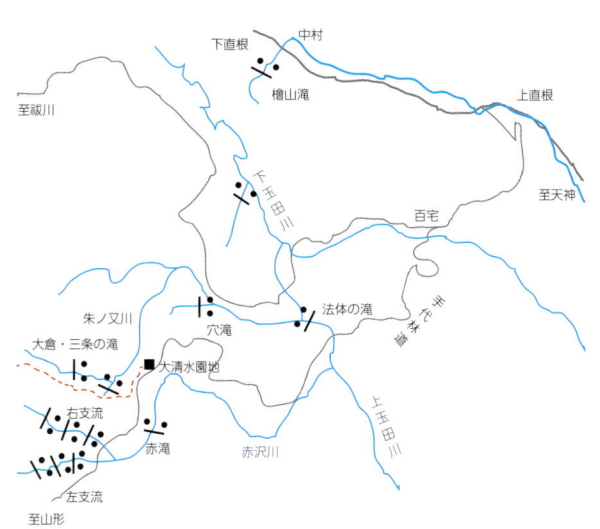

中流 難易度4 推定落差7m

鳥海町大川端　　山崎法体の滝入口　　百宅手代　　　　大清水園地　　　赤沢川右の沢　　　赤沢川左の沢
（左折）　車5km　　（右折）　車4km　林道入口　車14km　　　　車2km　徒歩90分　　徒歩120分
　　　　　　　　　　　　　　　　　　（左折）　　　　　　　　　　　　　　　　　　　　0.5km
　　　（16.5km）

　　　　　　　　　　　　　　　ヤブ40分
　　　　　　　　大倉の滝　────　三条の滝
　　　　　　　徒歩40分

赤沢川 左支流の滝

中央の滝

由利本荘市
YURIHONJOU

上流 難易度4 推定落差10m

中流 難易度4 推定落差5m

中流 難易度4 推定落差7m

次郎滝 難易度4 推定落差20m

赤沢川左支流

次郎滝のある赤沢川の左の沢を目指す。右の沢から500メートルほどの距離に左の沢に架かる橋がある。その下の流れは、赤沢川の由来通りの赤錆びたゴーロの連続で滑りやすく歩きにくい。また所々に深い淵があり、その度に巻きながら上流へ進む。約1時間半歩くとゴーロは急になり、まもなく一つ目の滝が現れる。落差7メートルぐらいのナメ状の滝である。

この滝の上へと進み、さらに20分ぐらいすると二つ目の滝がある。落差約10メートルで勢いがある。地図上で次郎滝の下に位置する滝マークの滝と推定される。今度はこの滝の左岸を巻いて上に出る。10分ぐらい進むと目的の滝、次郎滝と思われる滝に到着である。

(地図、路程表は91ページ)

丁川 右沢の滝

中央の滝

由利本荘市
YURIHONJOU

右沢
難易度3 推定落差（左）15m（右）10m

丁川 右沢

　丁岳（ひのとだけ）周辺には数多くの滝があるが、丁川の右沢にも地図上に滝マークの付いた三つの滝がある。
　鳥海町笹子（じねご）の国道108号線の信号交差点を右折すると丁岳登山道方面。途中に砕石場があり、ここを過ぎた橋の手前で右の林道に入る。少し走ると道をふさぐ横倒しの杉があり、車はここまで。歩き始めて約10分で川へ入る場所があり、ここから遡行を開始。10分ほどで川は左右に分岐、左の沢に入る。約5分で右から流れ込む小さな沢があり、入っていくと約10㍍の繊細な滝がある。小さな沢の入口に戻り、左の方へ約10分遡行すると目的の滝に到着する。落差約15㍍で、斜めに落ちる風変わりな滝である。

```
                                              杉倉沢
                                            徒渉35分
          右沢      小火沢     大火沢      五階の滝
         徒渉40分   徒渉30分   徒渉130分    徒歩30分
                   車1km      車2km
国道108号 ─── 右沢入口 ─ 小火沢入口 ─ 大火沢入口 ─ 五階の滝入口
鳥海町笹子   車6km    車1.5km    車1km    車3.5km(12km)
 （右折）
                                       徒渉30分
                                       田倉の滝
```

93　（地図は95ページ）

丁川 上流の滝・田倉の滝

中央の滝

由利本荘市
YURIHONJOU

五階の滝 　難易度3　推定落差30m

行者の滝 　難易度3　推定落差5m

田倉の滝 　難易度3　推定落差10m

丁川上流 　難易度3　推定落差3～7m

丁川上流

鳥海町笹子地区の国道108号線沿いにある道の駅「清水の里鳥海郷」の信号から右に入る。途中の右沢、小火沢、大火沢入口のほか、丁岳登山道入口も過ぎて、道の駅から約12キロ地点に五階の滝入口がある。そこから約30分、杉林の中を進んでいくと五階の滝に到着する。落差があって見応えのある滝である。

また、下流部から五階の滝まで遡行していくと、途中に行者の滝など3メートルから7メートルぐらいの滝が連続する。

今度は車で大火沢林道まで下りて田倉の滝を目指す。五階の滝の駐車場から丁岳登山道入口を過ぎていくと大火沢に架かる橋がある。そこから川を少し下り、本流との合流点を左上流へ上がっていくと田倉の滝からの流れがある。20分ほど遡行すると落差約10メートルの直瀑である田倉の滝に到着する。黒い岩肌に白い飛瀑が浮かび上がり、清涼感にあふれている。

(路程表は93ページ、地図は95ページ)

小火沢（左）中流 難易度3 推定落差7m　（右）下流 難易度3 推定落差7m

小火沢上流 難易度3 推定落差10m

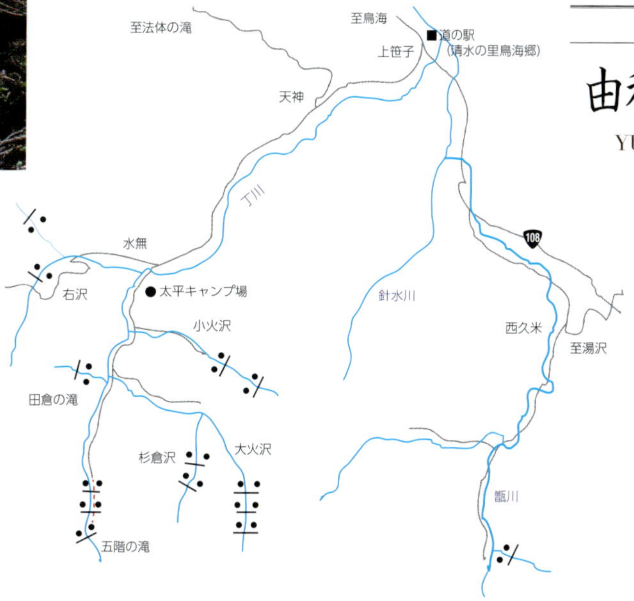

小火沢の滝

中央の滝

由利本荘市
YURIHONJOU

小火沢

笹子地区から丁岳登山道方面に車を走らせ、採石場や大平キャンプ場を経て上流へと向かう。右手に見える堰堤を過ぎていくと、左に入る林道がある。林道は5分ほどで雪のため行き止まり。ここから40分ぐらい歩くと左下方向から滝の音が聞こえる。小火沢上流の滝である。

下流から沢に入って遡り、堰堤を越えていくと、落差はあまりないが横幅のある滝が現れる。さらに上流には7メートルぐらいの滝がある。

大火沢・支流 杉倉沢の滝

中央の滝

由利本荘市 YURIHONJOU

大火沢 二段の滝　難易度4　推定落差20m

大火沢支流　難易度3　推定落差5m

大火沢 三段の滝　難易度4　推定落差15m

大火沢　難易度4　推定落差15m

大火沢

丁岳登山道入口へ向かう途中の大平キャンプ場や小火沢を過ぎると大火沢入口である。大火沢林道へ入る地点から右奥に滝が見える。落差約20メートルの田倉の滝である。

その大火沢林道を2キロぐらい走ると終点の空き地で、かつて炭坑と異人館があったという。ここから徒歩で川の方へ下っていき、小さな沢を下って大火沢へ下りる。そこから10分ぐらい遡っていくと右から流れ込む支流の杉倉沢がある。本流の方は一枚岩盤に二段、三段の小さな滝が連続。さらに30分ぐらい遡ると、魚止めとおぼしき5メートルほどの滝に着く。

さらに上流を目指していくと、約40分で二段20メートルの滝に到着する。この滝越えに直登を考えたが、水量が多くて岩も滑りそうなので無理せずに高巻く。急斜面を巻いていくと上方に山道があり、そこへ出て上流へ向かう。そして20分ほどで下方に15メートルぐらいの滝が見えてくる。さらに進んで急な斜面を横切って上流へ向かうと、また滝が見える。手前の沢を下りると、その滝は三段15メートルぐらいであった。

下流部の大火沢は狭くてあまり迫力がないが、上流は荒々しい渓相となっている。

杉倉沢 難易度4　推定落差70m

杉倉沢 二つ目の滝 難易度4　推定落差10m

杉倉沢 左岸の滝
難易度4　推定落差30m

杉倉沢

　大火沢林道へ入らずに直進。大火沢に架かる橋を渡ってすぐ左折し、杉倉沢へ続く林道を進む。杉林の中を200メートルぐらい行くと古い堰堤があり、その上流へも林道はまだ続く。しかし、ぬかるんでいるほか、私有地のようでもあるので、堰堤付近に車を止め、徒歩で林道を進んでいく。
　杉林の中を約20分歩くと杉倉沢の合流点である。林道は杉倉沢の上流へ伸びているが、二つ目の滝まで行くと細い山道となり、滑り落ちそうな場所がいくつかあるので、気を付けて進む。そして約15分行くと、遥か上方から降り注ぐ落差70メートル二段の滝が見えてくる。端麗であり、しかも落差のある迫力に感動する。周りの紅葉も今が盛りと滝を引き立てている。
　約1時間、心ゆくまで撮影し、何度も何度も振り返りながら滝を後にした。

97　（地図は95ページ、路程表は93ページ）

甑川の滝

中央の滝
由利本荘市
YURIHONJOU

甑川（左） 難易度3 推定落差20m

甑川（右） 難易度3 推定落差20m

甑川

国道108号線沿いの道の駅「清水の里鳥海郷」を過ぎて約3キロで皿川方面への案内標識がある。これを右折し、約4キロで道路は左右に分かれる。左は甑山方面だが、この分岐点の下に駐車場所があるので、そこに車を止めて川へ向かう。

川の両岸は切り立った急斜面。遡行すること約30分で左斜面が岩盤状になり、さらに険しく切り立っている。ここまで進むと段々状の滝と淵が続き、5メートルぐらいの滝も現れる。

駐車場所に戻って甑林道を少し行くと、右側に落差10トルぐらいの滝が見え、水量の多い春は結構な迫力である。ここを通過して入口から1.5キロほど行くと右手カーブミラーの反対側に堰堤へ下りる作業道がある。ここを下っていき、大きな堰堤から遡行すると約10分で滝に到着する。右は落差20メートル二段、左は落差20メートルの段々状という二つの滝が現れる。新緑に囲まれた滝は見応えがあり、しばし鑑賞する。

アドバイス

甑川を遡行中、横倒しの大木の辺りでバタバタと羽音を立てて飛ぶ鳥がいる。近づくと巣があって中に卵も見える。見たことがなかったので写真に撮り、専門家に見てもらうと、なかなかお目にかかれない「シノリガモ」の卵だった。ということで、珍しいものに出会ったときは必ず写真に残すようお勧めする。

```
                  車3km      車4km     車1.5km(8.5km)   徒渉20分
国道108号 ─────── 皿川入口 ─── 甑山方面分岐点 ─── 堰堤入口 ─── 滝
鳥海町笹子
 (直進)           (右折)        (左折)
```

（地図は95ページ）

笹倉の滝

中央の滝

由利本荘市
YURIHONJOU

笹倉の滝　難易度1　推定落差3m

国道107号　車4km　徒歩3分　笹倉の滝
東由利道の駅

コラム 其の四 Column

限界集落

ある日、一通の手紙をいただいた。読んでみると、記憶に残したい滝があるので次にガイドブックを作るときはぜひ載せてほしい、との内容である。

東由利にある「笹倉の滝」のことだったので、すぐに行ってみた。落差は3㍍ぐらいだが、近くに社があって、器に載せた団子が供えられ、地元の人が大切にしていることがよく分かる。

昔の人は集落にある滝も信仰の対象として崇め敬いながら、いろいろな願を掛けてきた。しかし今日では過疎化の一途という集落が多く、「限界集落」とまで言われるケースが増えている。いずれはこの笹倉の滝を崇める集落も、過疎化の波にのまれ、社も荒れ果ててしまう気がする。

このような集落は県内に少なからずあり、過疎化の波は滝や自然を崇め敬う心まで荒廃させてしまうような気がする。殺伐とした現代社会において、心の拠り所ともなっている滝や自然を崇拝する心が失われていくのは悲しいことである。

元滝伏流水 難易度1 推定落差5m

元滝

奈曽白滝とともに有名なのが元滝伏流水である。鳥海山の伏流水が滝となって流れ出すものであるが、水温が一定なので夏は靄に包まれ、幻想的である。また、上流には元滝があるが、現在は土砂崩れの恐れがあり、通行止めとなっている。

アドバイス

元滝伏流水の下の方に山ツツジがあり、これが滝にかかると見事。咲くのは5月下旬である。

元滝 推定落差10m(通行止め)

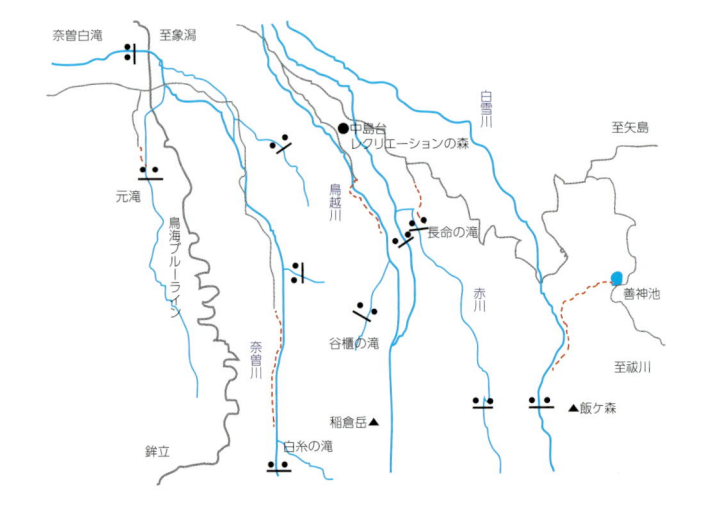

元滝

中央の滝

にかほ市
NIKAHO

国道7号 鳥海山入口 ──車5km── 奈曽白滝駐車場 ──車2km── 元滝駐車場 ──徒歩5分── 元滝伏流水

奈曽川の滝

中央の滝
にかほ市
NIKAHO

二つ目の支流 　難易度3　推定落差10m

一つ目の支流 　難易度3　推定落差7m

奈曽川上流 　難易度3　推定落差50m

一つ目の支流 　難易度3　段瀑

奈曽川の滝

　にかほ市象潟町の横岡集落を通っていく。集落を抜けると林道だが、ひどい悪路なので乗用車では無理である。林道はやがて水路と交差、手前には植林用に刈り払われた広い空間がある。その左奥に支流が流れており、これを遡行する。滝までは30分ほど。落差約7メートルで真っ直ぐ流れ落ちている。

　林道に戻り、奈曽川に沿って進むと川と林道との交差地点があり、少し行くと観測塔があり、ここに車を止める。左下方へ続く山道があり、そこを下り、堰堤の上を過ぎていくと、左から流れ込む支流があるので、本流を渡ってその支流へと入っていく。約15分で沢は二つに分かれるので左へ進み、さらに15分ぐらいで滝がある。繊細な流れが素晴らしい。

　また林道に戻り、さらに上流へ向かうが、車は途中からやぶで通れなくなるので、適当な空き地に駐車し、徒歩で上流へ。30分ぐらい歩くと、前方に奈曽白糸の滝が見えてくる。春のまだ雪の残る季節しか見ることのできない壮大な眺めである。左の断崖からは糸のような二筋の流れが奈曽川に注ぐ。

奈曽白糸の滝 　難易度3　推定落差70m

国道7号鳥海山入口（左折）—車4km—中島台と奈曽白滝分岐（直進）—車1km—奈曽白滝の信号（左折）—車3km—横岡—車2km 徒渉30分—右岸一つ目の支流—車1km 徒渉30分—右岸二つ目の支流—車1km(12km) 徒渉30分—白糸の滝

101　（地図は100ページ）

谷櫃沢の滝

中央の滝
にかほ市
NIKAHO

谷櫃の滝 難易度4 推定落差15m

谷櫃沢

中島台レクリエーションの森へ向かう途中にある発電所から約2.5㌔で右に入る林道があり、そこから約3㌔走ると駐車場である。ここは中島台レクリエーションの森の裏手入口である。

正面にある水路の下を通り10分ほど行くと堰堤があり、この上流に出た後、鳥越川を約10分遡ると右から谷櫃沢が流れ込んでいる。10分ほど遡行すると大きなゴーロとなる。このゴーロを30分ほど登り詰めると谷櫃の滝。水量も多く、豪快な景観である。

谷櫃沢 難易度3
推定落差（左）10m（中）20m（右）10m

（路程表は103ページ、地図は100ページ）

赤川・鳥越川の滝

中央の滝

にかほ市 NIKAHO

長命の滝　難易度3　推定落差7m

鳥越川　難易度4　推定落差(上)5m(中)5m(下)5m

長命の滝

赤川・鳥越川

中島台南東部を流れる赤川の上流には長命の滝があり、その下流域で赤川は鳥越川と合流する。その合流点から少し遡った所に滝がある。水温が低いせいか、辺りには靄が漂い、そこに陽が当たって幻想的である。

この滝へ行くには、中島台レクリエーションの森から祓川方面へ向かう途中で右に入る林道を利用する。林道はすぐに行き止まりとなるので歩いていく。すると約30分で長命の滝の見える場所に着く。そしてその手前から川に下りていき、対岸の合流点まで進み10分ぐらい遡ると滝に到着する。

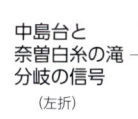

中島台と奈曽白糸の滝分岐の信号（左折）―車6km― 鳥越川の発電所を過ぎたところの林道入口（右折）―車2km― 中島台・獅子ケ鼻湿原 ―車2km(10km)― 林道入口（右折）―車0.3km 徒歩30分― 長命の滝 ―徒歩30分― 鳥越川の滝

車3km 徒歩60分 谷櫃の滝

103　(地図は100ページ)

白雪川の滝

にかほ市
NIKAHO

中央の滝

白雪川 難易度4　推定落差20m

白雪川左の沢 難易度4　推定落差7m

中島台・獅子ケ鼻湿原入口 ─車2km─ 長命の滝入口 ─車1km─ 石禿川 ─車4km(7km)徒渉120分─ 白雪川

白雪川の滝

　白雪川に架かる橋から上流へと遡ってみる。中島台レクリエーションの森を過ぎ、山の方へ上っていく途中、鳥海山のすそ野に広がるブナの樹海と山頂が一望できる場所がある。そこを通過し、さらに進んでいくと最初に交差する石禿川があり、道路はしばらくその川沿いを走る。やがて白雪川に達すると、橋の下流方向に工事用道路が伸びているので、付近の空き地に駐車する。

　ここがスタート地点だが、向かって右側に山道があるので、しばらくはそれを歩き、途中から川に下りて遡行する。川には何カ所か支流の沢が流れ込むが、あくまで水量の多い本流を進む。約1時間で流れの分岐に着く。そばに取水口や取水管があるので、これらを目印に滝マークのある右の沢を目指す。前回訪れたときは10分程度進んで引き返したが、2度目のトライとなったこの日は、最後まで沢を登り詰めるつもりで進んだ。そして約30分後、念願の滝に出会えた。

　遠くから見た滝は落差が50㍍もありそうに思えたが、実際に真下まで行くと20㍍程度であり、少し残念な気がした。が、鳥海山のすそ野にある他の滝と同様、この滝も断崖から落下する直瀑であり、野生的な力強さに溢れていた。

　帰りは飯ケ森の下を回っている取水管わきの管理用道路を歩いたが、途中で飯ケ森の方を振り返ると、上方に急斜面を落ちる2本の滝と先ほどの20㍍の滝が遠望できた。

(地図は100ページ)

フォトガイド名瀑紀行

県南の滝

左岸支流 難易度3 推定落差50m

猿倉の滝 難易度3 推定落差20m

右岸支流 難易度3 推定落差7m

桑原の滝上流 難易度4 推定落差5〜7m

桑原の滝 難易度3 推定落差10m

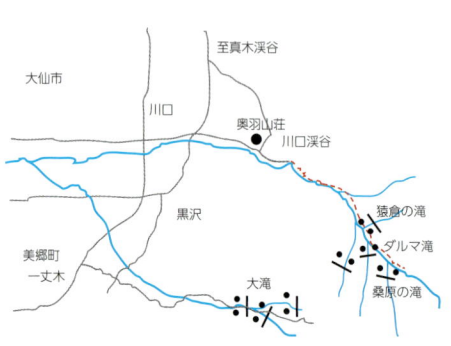

川口渓谷の滝

県南の滝

大仙市
DAISEN

| 大曲13号と105号分岐 | 車5km | 横堀方面への信号(右折) | 車7km | 横沢信号(左折) | 車0.2km | 看板(右折) | 車6km | 奥羽山荘 | 車1.5km(19.7km) | 通行止め | 徒歩60分 | 桑原滝 |

川口渓谷

真木渓谷の南方に位置しているのが川口渓谷。以前はかなり上流まで車で入れたが、今は渓谷に入ってすぐ通行止めである。そこから歩いて最初に出会うのが北の又沢で、ここにも段々に流れ落ちる滝がある。分岐を右に進み、40分ぐらいすると猿倉の滝が現れる。さらに進んでいくと橋が現れ、その右側の沢を登ると分岐がある。左に進めば糸状の50メートルの滝、右へ上っていくと推定落差7メートルぐらいの滝が見える。

道路に戻り、上流を目指すとダルマ滝、白糸の滝、桑原の滝などが次々と現れる。今回は桑原の滝の上流に向かう。滝の見える場所から川の方に下りていき、川を渡って滝の左にある山道を登っていく。滝の上に出て上流を進むと、さらにいくつかの滝がある。

ダルマ滝 難易度3 推定落差50m

小滝川

県南の滝

大仙市
DAISEN

三滝 難易度4　推定落差10m

小滝 難易度3　推定落差(右)5m　(左)3m

大滝 難易度4　推定落差15m

小滝川

真木渓谷入口を通過し、神成橋を渡って4㌔ほどで「ふれあいの森」案内標識がある。これを右折して少し下り、堤のわきの道を上流へ1㌔ほど進むと小滝ダムである。沢への入口はさらに1㌔ほど行った東山ふれあいの森にある。案内板に従い、川沿いの山道を進む。途中で徒渉するので長靴等は必要である。約50分で最初の滝である小滝に到着する。

この滝からは左の岩を越えていくが、滑るので注意が必要。越えて約20分で三滝との分岐に到着。左に登って約10分で三滝である。斜めに流れ落ちていて変化に富んだ滝である。

このあと分岐に戻り、真っ直ぐ進んで約10分で大滝に到着する。落差のある直瀑で、それほど水量はないものの曽利滝、伝左衛門滝ノ沢の滝のように真っ直ぐ落下しており、滝本来の魅力にあふれている。

奥羽山荘 ──車1.5km── 角館・田沢湖方面分岐(右折) ──車2km── 真木渓谷入口(直進) ──車4km── ふれあいの森入口(右折) ──車1km── 小滝ダム ──車1km(9.5km)── 東山ふれあいの森 ──徒歩80分── 大滝

107　(地図は111ページ)

小堀内沢・真木渓谷の滝

県南の滝

大仙市
DAISEN

小堀内沢 難易度3 推定落差15m

小堀内沢

真木渓谷入口となっているのが大神成河川公園。その少し手前から左に向かうと神成橋があり、渡って約400メートル先を右折、さらに約700メートル進むと小堀内沢入口である。

そこから少し進むと舗装は途切れ、砂利道となる。この砂利道を進んで400メートル先にある小さな橋を渡り、右の杉林へと向かう。200メートルぐらいで下の川への道と二つに分かれるが、途中で木が覆い被さって車は進めないので、適当な空き地に駐車し、下の川へ向かう林道を歩いていく。

約10分で一つ目の堰堤があり、さらに進むと二つ目の大きな堰堤に行き当たる。堰堤は水が青々と満ち、そこからさらに約40分で落差15メートルの滝に到着する。瀑布の形が良く、木々の若葉と調和した見事な景観である。

黒滝 難易度1 推定落差7m

真木白滝 難易度1 推定落差10m

道路脇 難易度1 推定落差10m

真木渓谷

大神成河川公園に戻って真木渓谷に入っていく。しばらく行くと林道際に流れ落ちる真木白滝があり、その先へ進むと袖川峡入口、さらには黒滝が現れる。鮮やかな紅葉が映える滝である。黒滝を過ぎれば、その先は七瀬沢林道を経て薬師岳登山道へと続く。

七瀬沢の滝

県南の滝

大仙市
DAISEN

七瀬大滝

真木渓谷に入って真木白滝や袖川沢入口、大倉岩を過ぎていくと七瀬沢林道入口に至る。大神成河川公園から約6㌔である。大滝へは二度訪れているが、いずれも下流側からだったので今回は七瀬沢林道を通って上流からアプローチする。

七瀬沢林道へ右折して行くと仙北平野が一望できる場所に出る。さらに1.5㌔行くと右に入る林道があり、その林道を進むと約10分で行き止まり。車を止め、山道を川まで下る。約30分で川に到着。さらに10分ほど下ると七瀬大滝である。下段約10㍍、上段約15㍍の二段で清らかに流れ落ちている。下段の滝の左側は柱状節理の切り立った岩壁となっており、雄大である。

七瀬大滝上段 推定落差15m

七瀬大滝下段 難易度3 推定落差10m

アドバイス

七瀬大滝へ下流部からアプローチする場合、真木渓谷入口から3㌔ぐらいに標柱があり、そこから約40分で滝に到着する。ただ、滝のそばには危険個所があるので十分気を付ける。

```
                                              車2km        徒渉60分
                                    神成橋を過ぎて右折 ── 車止め ── 小堀内沢
         車7km      車3.5km   車5.5km   │   車4km  車2km(22km)   車1km      車1km  徒歩10分
国道105号 ── 横沢の信号 ── 砂溜の信号 ── 真木渓谷入口 ── 袖川沢 ── 七瀬林道入口 ── 四十八滝沢 ── 滝倉沢
横堀方面への   (左折)      (右折)              徒渉150分   車4km            徒歩60分   徒歩40分
信号                                                   徒歩40分
(右折)                                                    │
                                                       七瀬大滝
```

左岸支流 難易度4　推定落差10m

本流　推定落差5m

右岸支流 難易度4　推定落差20m

左岸支流　推定落差20m

本流　推定落差10m

右岸支流 難易度4　推定落差20m

七瀬沢上流

七瀬沢林道を進んでいく途中に七瀬大滝への林道があるが、そこを通り過ぎると林道は二つに分岐。これを左の上流へと向かうが、少し行けば終点で標識に兎袋沢とある。そこからやぶこぎで沢まで下っていくと、目の前に段々になった滝が現れる。

沢を遡行すること約30分で二つ目の約5メートル二段の滝があり、そこを越えていくと今度は左右に二つの滝があり、右岸支流の滝は縦に長いきれいな滝である。さらに行くと右から20メートルの細い滝、また少し行くと左右に二つの込む二段約20メートルの滝が見えてくる。ここまで撮影時間も含めて約1時間である。

袖川沢の滝

県南の滝

大仙市
DAISEN

本流 難易度4　推定落差10m

コドの沢 難易度4　推定落差20m

小杉沢 難易度4　推定落差7m

本流 難易度4　推定落差3m

袖川沢

　大神成河川公園から真木渓谷に入ってしばらく行くと、袖川峡入口の駐車場に着く。ここから川を遡ることになるが、まずは堰堤右側を上って川へと出る。

　袖川峡はコバルトブルーの水面が印象的で絵になる沢である。最初は沢をダラダラと上っていくが、途中から源流域の様相を呈してくる。そして最初の沢である大杉沢に到着。駐車場からは約1時間半の行程である。その途中にも、山の上方から流れてくるコドの沢があり、20㍍ぐらいの滝が下から見える場所がある。

　大杉沢を過ぎて30分で小杉沢だが、小杉沢を10分ほど遡行すると7㍍ぐらいの滝が目の前に現れる。さらに本流を少し遡ると3㍍ぐらいの勢いのある滝があり、この滝の上流に出て30分ぐらい行くと、10㍍ぐらいの滝が現れる。水量は多く迫力満点である。

　この上流に出るには右岸の急斜面を巻いていくそうだが、この日は雨が降っているので無理をせず、遡行ルートを引き返す。

（地図は111ページ、路程表は110ページ）

真木渓谷上流 滝倉沢

県南の滝

大仙市 DAISEN

左岸支流　難易度3　推定落差5m

滝倉沢　難易度3　推定落差10m

本流　難易度3　推定落差5m

左岸支流　難易度3　推定落差3m

三段の滝　難易度3　推定落差10m

滝倉沢

真木渓谷に入って袖川峡、大倉岩、七瀬林道入口などを過ぎていくと薬師岳、和賀岳登山道入口の駐車場があり、車は行き止まりとなる。真木渓谷入口からは約8キロの距離である。駐車場から薬師岳登山道入口である甘露水の所まで10分ぐらい歩けば右奥に10メートルの滝が見えてくるので、甘露水の標柱から下りていく。滝は真ん中の大きな岩を避けるように分かれて流れ落ちている。

続いて登山道入口に戻り、甲山登山道の方へと真っ直ぐ進んでいく。右の方に支流が見えてくるので、そこへ下りて約5分進むと5メートルぐらいの滝。さらに、この支流から左上方の杉林の中に登山道がある。これをたどると沢にぶつかり、遡れば3メートルぐらいの扇状の滝がある。また登山道に戻って、下っていくと沢があり、少し遡ると三段10メートルぐらいの滝が現れる。

この滝倉沢は大きな岩が積み重なっており、岩の間を清冽な水が勢いよく流れ落ちている。

協和三滝・白糸の滝

県南の滝

大仙市
DAISEN

三滝

大仙市協和の荒川地区を走る国道46号線から旧荒川鉱山跡へ向かう道路に入り、マインロード荒川（閉鎖中）を過ぎて1㌔ほどで道は二つに分かれる。これを左に折れ、橋を渡って約500㍍行くと左下を流れる荒川の支流に三滝がある。落差7㍍ぐらいの端正な滝である。

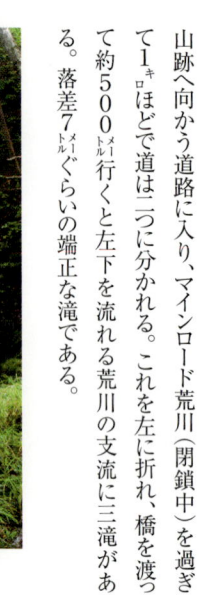

三滝　難易度1　推定落差7m

白糸の滝　難易度1　推定落差30m

白糸の滝下流　難易度1　推定落差5m

白糸の滝

大仙市協和の国道13号線を南下、峰吉川集落へ左折していくと白糸の滝の案内標識があり、これに従って滝を目指す。しばらく進むと駐車場があるので車を止め、左の沢の方へ歩いていく。滝へは5分ぐらいで到着する。落差は30㍍もあり、そばに社が建っている。

大仙市協和国道13号と46号の分岐 ─ 車7km ─ 46号荒川鉱山入口（左折） ─ 車2km ─ 鉱山跡 ─ 車2km(11km) ─ 三滝

─ 車5km ─ 13号峰吉川入口（左折） ─ 車1km ─ 案内標識 ─ 車1km(7km) ─ 徒歩5分 ─ 白糸の滝

114

南外 不動滝・大曲 旭滝

県南の滝

大仙市
DAISEN

不動滝 難易度1　推定落差7m

旭滝 難易度2　推定落差5m

不動滝

大仙市南外地区の中心部から大森方面へ向かう出羽グリーンロードを南下すると、集落を過ぎた所に橋がある。同ロードは橋から少し過ぎた辺りで大きく曲がるが、そこを曲がらずに真っ直ぐ行けば、まもなく不動の滝が右下に見えてくる。幅の広い滝で、滝の前に橋が架かって遊歩道になっている。

旭滝

以前から大曲にも滝があると聞いて何回か行ってみた。が、入口が分からずに引き返している。今回は情報を得てやっと大曲唯一の滝に行くことができた。大曲西根の県立養護学校前の信号を右折、真っ直ぐ約1㌔進んだ所に瀧宮神社がある。そこに車を止め、約5分歩くと滝である。それほど落差も水量もないが、地元の人たちが神社まで造って崇めている貴重な滝である。

中ノ滝・二天の滝

中ノ滝上流 難易度4　推定落差7m

中ノ滝 難易度3　推定落差60m

湯渕沢支流 難易度4　推定落差30m

県南の滝

仙北市
SENBOKU

アドバイス

中ノ滝へは比較的簡単に行けるが、二天ノ滝へのアプローチはかなり困難である。稜線からの下りが急なのでスパイク長靴も持参し、稜線の登り口で履き替えるようにしている。

中ノ滝

湯渕沢には上流部から下るコースと中ノ滝を巻いて遡行するコースがある。今回は中ノ滝を越え、冷たい水流で夏でも冷気が漂うといわれる沢へアプローチする。

まず宝仙湖の国道341号線からブナ森林道に入り、川崎橋を過ぎて右折、湯渕沢へと下っていく。木の枝が被さる悪路を10分ほど走ると湯渕沢に出る。車を止めて川沿いの林道跡をたどったあと川に入り、駐車場所から約40分で中ノ滝である。水量が多く、すごい迫力である。

続いて滝の左の沢を上がり、途中から右の稜線へ。急斜面を約30分で登り切り、稜線にある踏み跡をたどり沢まで下る。40分ほどで苔に覆われた沢が現れる。水はとても冷たく、付近に冷気が漂っている。水が湧く所を見たいと約30分遡行したが、分からず引き返す。この沢の入口から二天の滝までは、さらに1時間ぐらいの距離である。

(地図は122ページ)

二天の滝 難易度5 推定落差50m

二天の滝

今回は上流からアプローチする。宝仙湖北端のプレイパーク戸瀬から阿仁へ抜ける旧ブナ森林道に入り、10キロほど走ると湯渕沢。空き地に駐車し、川沿いの山道を歩くが、途中、竹やぶに入っていく辺りで深みもあり、渓相は変化に富む。途中、右から流れ込む支流があり、これを約30分遡ると30メートルぐらいの滝がある。

戻って本流を下り約30分、左にカーブして稜線まで上がれる所があるが、上がらずにそのまま5、6分進むと二天の滝の頂である。見下ろす滝は目が眩むような高さである。

このあと滝下の位置から見上げてみる。まずは稜線への上がり口に戻って稜線へと向かい、今度はかなりの急斜面を下りることになる。木の枝につかまりながら後ろ向きに少しずつ下りていく。下までたどり着き、やぶこぎで前進していくと、天まで真っ直ぐ伸びる二天の滝が悠然と姿を現す。規模、迫力とも素晴らしく、県内屈指の名瀑である。稜線への上がり口から滝下まで約40分である。

国道341号 新ブナ森林道入口 —徒歩30分— 湯渕沢入口 —徒渉40分— 中ノ滝 —徒渉120分— 二天の滝
(入口が車両通行止めの場合)

国道341号 旧ブナ森林道入口 —車2km— 戸瀬滝ノ沢 —車8km— 湯渕沢との交差場所 —徒渉70分— 二天の滝
(二天の滝へ上流からアプローチする場合)

小和瀬川支流 大沢・タツノクチ沢・中ノ又沢

県南の滝

仙北市
SENBOKU

大沢・タツノクチ沢

田沢湖小和瀬川の支流には多くの滝があるが、その一つが大沢である。宝仙湖に架かる男神橋を渡り、小和瀬発電所で小和瀬林道へと右折すると、タツノクチ沢のある中ノ又沢、芦名沢、様ノ沢、大沢の順に現れる。大沢は入口の標柱からすぐ行き止まりで、車を止めて沢までの山道を約20分歩く。到着した沢の少し上流に右から流れ込む沢があり、そこに落差30ﾒｰﾄﾙの大きな滝がある。本流に戻り約15分遡ると沢は切り立った崖に囲まれ、滝が三つ連続する。

次に向かったのがタツノクチ沢である。小和瀬林道で最初に現れるのが中ノ又沢だが、沢沿いの林道は2ｷﾛほどで通行止。歩いて上流へ向かう。途中の沢から中ノ又沢へと下りて10分ほど遡行すると右から流れ込むタツノクチ沢がある。入口に小さい滝があり、そこを越えていくと約5ﾒｰﾄﾙの滝、約10ﾒｰﾄﾙのナメ滝が続く。最後は100ﾒｰﾄﾙを超えるといわれる滝に到着。見上げるような高さは何度見ても圧倒される。

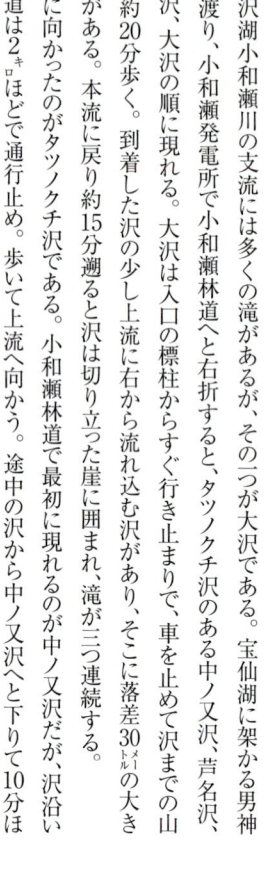

大沢支流 難易度4　推定落差30m

大沢 難易度4　推定落差15m

アドバイス
タツノクチ沢への途中に滑りそうなナメ滝があるので、転倒防止用に短いロープ等を備えると安心。特に帰路は滑りそうである。

中ノ又沢
中ノ又沢の通行止め地点から歩く山道は途中から急傾斜となり、滑りそうな個所もあるので用心する。1時間ぐらいで川に下りていく場所があるので、今度は川

タツノクチ沢 難易度4　推定落差100m

118

中ノ又沢中流 難易度4　推定落差5〜10m

を遡るとすぐ目の前に滝が現れる。春に訪ねたときは水量が多かったが、紅葉期の今回は少ない。それでも真っ赤に色づいたモミジが水面に映えて鮮やかである。

ここから約2㌔で取水口だが、その間だけでも大小八つの滝が連続している。取水口から30分ほどでスズノマタ沢と明通沢の合流点だが、この間も三つの滝を撮影できた。

いずれの滝もほとんど直登でき、川底も広くて歩きやすい沢である。

小和瀬川支流 芦名沢

県南の滝

仙北市 SENBOKU

芦名沢下流 難易度3 推定落差5m

芦名沢対岸の滝 難易度1 推定落差10m

芦名沢上流 難易度4 推定落差50m

芦名沢

宝仙湖の男神橋を経て小和瀬発電所を右折、小和瀬川沿いに走って最初の沢が中ノ又沢、次いで芦名沢である。芦名沢に架かる橋を過ぎると沢沿いの林道があるが、すぐに行き止まり。ここから沢に下りて約1時間遡行する。

途中にいくつか滝があり、滑らないよう注意して越えていくと両側が切り立って狭くなる。そこを過ぎると突然、前方の崖から線を描くように落下する滝が見えてくる。隣の様ノ沢の滝に似ているが、こちらの方が落差、スケールとも大きい。直下の滝まで含めると50メートルはありそうである。秋田には知られていない滝がまだまだあるということを改めて感じた。

```
国道341号 ──車6km── 小和瀬発電所 ──車1km── 中ノ又沢 ──車1km── 芦名沢 ──車2km── 様ノ沢 ──車1km(11.5km)── 大沢
小和瀬川入口                                    徒渉60分              徒渉60分
                    ├車2km── タツノクチ沢 徒渉60分
                    中ノ又沢本流 徒渉120分
```

(地図は122ページ)

戸瀬滝ノ沢・柳沢

県南の滝

仙北市
SENBOKU

戸瀬滝ノ沢

宝仙湖北端付近のプレイパーク戸瀬の向かいから旧ブナ森林道に入り、2ｷﾛ弱にあるコンクリート壁から川へと下りる。すぐに滝があり、段々状に広がっている。地図に滝マークがあるだけに見応えがある。

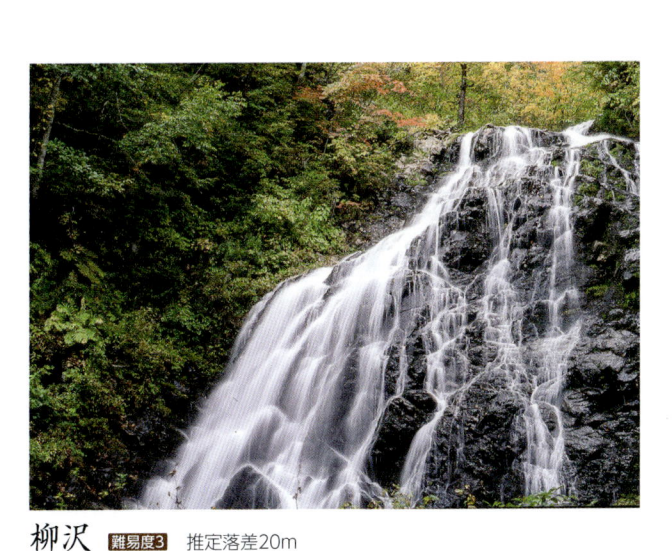

戸瀬滝ノ沢 難易度3 推定落差15m

柳沢

宝仙湖の国道341号線を玉川方面に向かう途中、左から流れ込む石黒沢が現れ、その一つ上流の沢が柳沢である。石黒沢から国道を北へ約700ﾒｰﾄﾙ進んだ地点で左側に空き地があり、ここに駐車して沢を目指す。最初は本流の渋黒沢を横切ってから沢へと入るが、すぐ堰堤があるので左斜面を越えて上流へ向かう。上流は水量の乏しい平坦な川床がしばらく続くが、遡行にはやはりウェーダーが楽である。約30分で両側が急に狭くなり、3ﾒｰﾄﾙの滝に阻まれるが、右手に巻き道があるので上流へ出る。すると滝が右奥にかすかに見え、滝下まで行くとその落差と幅の大きさが体感できる。三段で複雑に落下する流れが、その魅力を増している。

柳沢 難易度3 推定落差20m

山の恐怖「スズメバチ」
コラム 其の五 Column

山中ではクマ、マムシなどが危険だが、もう一つはスズメバチである。民家のそばに巣を作るキイロスズメバチも攻撃性は強いが、一番強力なのは体長3ｾﾝﾁを超えるオオスズメバチだ。刺されると死に至る場合もある。刺された人は毒への抗体が大量にできてしまい、重度のアレルギー反応を起こす「アナフィラキシーショック」に陥る。すると呼吸困難、血圧低下などに見舞われ、最悪の場合は死に至るといわれる。

友人の話では、大きなミズナラの穴にある舞茸を採ろうとしたらオオスズメバチの巣があり、いきなり刺され、呼吸困難になったそうである。今回刺されたのは二度目で、たまたま持参したペットボトルの氷水を飲んでみたら呼吸が少し楽になったという。喉を冷やせば少しは楽になるようだ。

オオスズメバチの巣には絶対に近づかないのが鉄則。しかし、もし近くで飛んでいたら、手で追い払わず、走ったりもせず、静かにその場を離れた方がいい。また、巣のそばでは、偵察しているハチが飛び回り、カチカチと音をさせて威嚇するので、その際もゆっくりとその場を離れる。

なお、運悪く刺された場合に備え、医師の処方箋に基づいて自ら腿に打つ注射薬を購入できるので、これを携帯するのも一つの方法といえる。注射薬は「エピペン」といい、私の常備品でもある。

121　(地図は122ページ)

棚白沢
難易度3　推定落差(左)5m　(右)30m

玉川ダム管理所 —車3km— 新ブナ森林道入口 —車2km— 小和瀬沢入口 —車5km—

—旧ブナ森林道入口 —車3km— 棚白沢入口 —車1km— 五十曲バス停 —車1km—

—石黒沢 —車0.2km— 黒石林道 —車0.8km (16km)— 柳沢

棚白沢

県南の滝

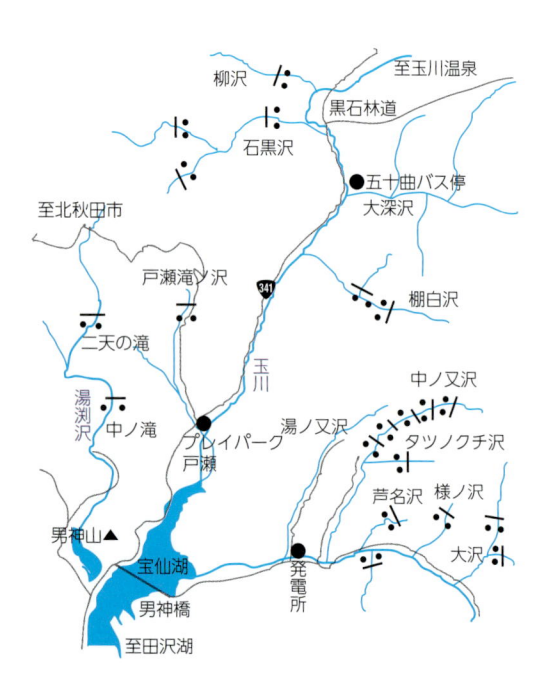

仙北市
SENBOKU

棚白沢

宝仙湖から玉川温泉に行く途中、今は営業していない新鳩ノ湯温泉がある。その裏の方にいくつか沢があり、その一つの棚白沢へ向かう。国道341号線沿いの同温泉を過ぎ、少し走ると右折する棚白林道があるので、これに入る。玉川に架かる橋を渡り切った所で車は行き止まり。荒れた林道を歩いていくと堰堤があり、ここから沢を遡っていく。ナメ床がしばらく続くので気持ちがいい。約40分で一つ目の滝が左の沢から現れる。落差30㍍ほどだが、水量が少ないせいか迫力がイマイチである。さらに20分ほど行くと沢は狭まりゴーロ状になる。小さい滝が見られ、さらに行くと7㍍ぐらいの二段の滝に着く。

上五十曲沢 難易度4　推定落差(左)7m　(中)10m　(右)7m

上五十曲沢 難易度4　推定落差20m

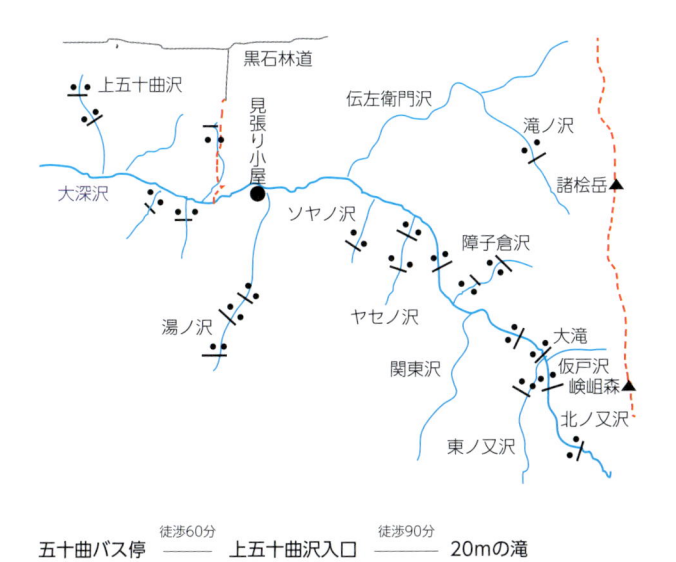

上五十曲沢

県南の滝

仙北市
SENBOKU

上五十曲沢

宝仙湖から玉川温泉に向かう途中、五十曲のバス停があるので、その空き地に駐車、大深沢に沿って山道を歩く。途中、危険な個所があるので注意が必要。歩くこと約1時間、上五十曲沢との合流点に到着。ここから左の沢へ向かうが、最初は小さい滝がしばらく続く。いずれも直登できるが、時間のかかる沢登りである。合流点から約1㌔、目的の落差20㍍の滝に到着する。キノコを採りながらの行程だったので約1時間半かかった。滝は切り立った崖から真っ直ぐ落ちる激しい滝である。

五十曲バス停 ─徒渉60分─ 上五十曲沢入口 ─徒渉90分─ 20mの滝

大深沢中流域の滝

県南の滝

仙北市 SENBOKU

ソヤノ沢 推定落差5m

ソヤノ沢 難易度3 推定落差10m

大深沢下流 難易度3 推定落差50m(スラブ)

取水堤左側の滝 難易度3 推定落差10m

ソヤノ沢

国道341号線を宝仙湖から玉川温泉へ向かい、石黒沢入口を過ぎ、橋を渡ってすぐ右に折れるのが黒石林道。ここに入って約10㌔でブナ林の空き地があり、右下へ下りる道が伸びる。しかし途中で通行止めなので空き地に駐車。30分ほど歩いて下り、吊り橋を渡った後、小屋があるのでその近くにキャンプ道具を置き、まずソヤノ沢まで遡ってみる。

小屋からまっすぐ進み、伝左衛門沢との合流点を右へ向かう。道路を少し進んでまもなく大きな取水堤があるので、これを越えて上流へ。枯れ木の立つ広々とした空間をさらに進むと、水流と岩がつくり出す景観が次第に源流域の様相を帯び、ソヤノ沢入口付近になると川幅も狭くなる。今回はこのソヤノ沢を遡る。この地点までは小屋から約40分である。さらにゴーロを少しずつ詰めていくこと約30分、二段10㍍ぐらいの滝が現れる。

この後、小屋のそばでテント泊。翌朝は下流の沢へ。30分ほど広い川原を下って左の支流に入る。その入口には3㍍ほどの滝があるが、さらに沢の遡行を続ける。まもなく左斜面は50㍍を超すようなスラブに滝がある。水量が少なくて物足りないものの、上方まで続く岩盤には圧倒される。そこからさらに15分ほど行くと正面に再び雄大なスラブが現れる。やはり水が少なく、滝として物足りない。

(地図は123ページ)

湯ノ沢

小屋の裏手にある露天風呂から見渡すと、近くの山の斜面に木製の梯子が掛けられている。上がっていくと作業道が伸び、その先には2本の沢が流れており、真っ直ぐの沢が湯ノ沢である。狭い沢だが渓相は良く、進むにつれて一枚岩盤と甌穴の様相となる。沢の入口から約30分歩くと取水口に到着。さらに行くと最初の二段7メートルぐらいの滝が現れる。

この滝の右斜面を巻いていくと約10分で沢は分岐。左の沢は狭い廊下状から一枚岩のスラブが稜線へ続いている。右の沢は入口に二段の小さい滝があり、左斜面を登って上流に出る。沢はずっと廊下状で一枚岩盤と甌穴の連続である。

今回は1時間ほどの遡行だが、その間に5メートルから7メートルぐらいの滝がいくつか続き、最後は右のスラブから糸状に流れ落ちる滝と、正面の7メートルぐらいの滝を撮影し、引き返した。

湯ノ沢 難易度4　推定落差7m
（上左）20m　（上右）7m

滝ノ沢

小屋の前から真っ直ぐに約20分歩けば大深沢本流と伝左衛門沢の分岐に着く。目標の伝左衛門沢は左に架かる吊り橋を渡り、上流の伝左衛門沢取水口まで進んでいくが、作業道は途中で切れるので、そこから川を遡行する。

吊り橋から取水口までは約15分、さらに湯田又沢の分岐までは約1時間の行程である。途中に湯気が噴き出す場所があり、湯田又沢上流にある後生掛温泉と同様、火山活動の一端をうかがうことができる。湯田又沢分岐からが伝左エ衛門沢の難所。右の沢を見るといきなり巨石や巨岩が堆積する急斜面が目に飛び込む。2万5千分の1の地図にはここに滝マークがあるが、激しい土石流によって滝が潰されたようである。ここを悪戦苦闘しながら40分ほど這い上がると、やっと滝ノ沢の分岐に到着する。水量を比べると、右の滝ノ沢の方が本流のような感じがする。

さらに進んでいくとサワグルミが流れの真ん中に立つなど様相が変わり、広々とした空間の中で緩やかな流れとなる。この空間を過ぎて流れが少し急になったところで目的の滝が現れる。落差約20メートルの垂直に落ちる滝で形が良く、紅葉時期は素晴らしいショットが撮れると思われ、再度の探訪を自ら誓う。この滝までは小屋からは約2時間半の行程である。

滝ノ沢 難易度5　推定落差30m

滝ノ沢 難易度5　推定落差20m

国道341号黒石林道入口 ─車10km─ 作業道 ─徒歩40分─ 吊り橋 ─徒歩5分─ 見張り小屋 ─徒歩20分─ 大深沢と伝左衛門の分岐 ─徒歩20分─ ソヤノ沢 ─徒渉60分─ 湯ノ沢 ─徒渉100分─ 滝ノ沢分岐 ─徒渉30分─ 滝ノ沢

大深沢源流部

大滝（ナイアガラ）　難易度5　推定落差10m

大滝上流　難易度5　推定落差10m

県南の滝

仙北市
SENBOKU

大深沢源流部

八幡平から秋田駒ヶ岳への縦走路を畚岳分岐、諸桧岳頂上、石沼、前諸桧とアップダウンを繰り返しながら仮戸沢の入口へと進む。藤七温泉駐車場を午前5時に出発し、仮戸沢入口到着は同8時15分である。

入口は前諸桧と剣岨森の中間ぐらいにあるが、笹に覆われているので分かりにくい。笹に分け入って探すこと約20分、いよいよ沢を下っていくと最初の滝である。滝の真ん中に倒れかかっている木を伝って下り、平坦な一帯を進む。やがて緩やかなゴーロとなり、徐々に大きく急なそれへと変わる。その後もしばらくゴーロや滝が続くが、ほとんど迂回せず下流へ向かうことができる。ただルートは結構長い。テント場に着いたのは同11時半である。

少し休んだ後、大深沢本流から関東沢の方へ下りる。約15分で通称〝ナイアガラの滝〟に到着。雪解けの水と前日の雨で凄まじいほどの迫力である。滝下へは下流に向かって左側の斜面を巻く。写真撮影の後、下流へ向かい、約20分で二つに分かれた約10㍍の滝、さらに約20分で水量はないが落差は50㍍もある滝が現れる。さらに10分ほどで関東沢出合いである。関東沢は本流よりも水量が多く、大きな石がごろごろして、暴れ狂う沢といった感がある。

この沢を横切って下っていくと約3㍍の滝で、これを過ぎるとすぐに障子倉沢出

（地図は123ページ）

126

障子倉沢 難易度5　推定落差20m

本流 難易度5　推定落差3m

東ノ又沢入口 難易度5　推定落差10m

障子倉沢 難易度5　推定落差5m

北ノ又沢左の滝 難易度5　推定落差20m

北ノ又沢右の滝 難易度5　推定落差10m

北ノ又沢入口 難易度5　推定落差10m

八幡平藤七温泉 —徒歩150分— 仮戸沢降口 —徒渉180分— テント場 —徒渉15分— 大滝（ナイアガラの滝） —徒渉60分— 障子倉沢入口
　　　　　　　　　　　　　　　　　　　　北ノ又沢 徒渉30分

合いである。この沢は地図上で等高線が混み合っているので、いかにも滝がありそうだ。前回は約20㍍の滝まで行ったが、今回はその上流までトライする。入口の5㍍程度の滝、さらにその上の滝も越えていくと前回見た滝である。その向かって右斜面を大きく高巻きして滝上部に達し、下流を見やると沢は滝の連続で、少なくとも五つはある。

このあとさらに上流へと考えたが、突然の雷と雨。急いでテント場まで戻ることにした。が、途中で雨が止み、青空がまた広がる。幸運に感謝しながら今度はテント場上流の北ノ又沢を遡行する。約30分で左手に20㍍、右手に10㍍の滝が目に飛び込む。落差も申し分なく、こんな所にこんな素晴らしい滝があるとは、と信じられない思いで写真を撮る。

テント泊の翌朝早く東ノ又沢を遡行する。合流点の滝を越え、200㍍も続くナメを遡っていくと、今度は一転して仮戸沢と同様のゴーロになる。急なゴーロではないが、ずっと同じ光景が続くので、あきらめて帰る。テント場で朝ご飯を食べ、荷物をまとめて午前7時半に出発。仮戸沢を引き返す。正午に縦走路、午後4時には駐車場に到着する。

長時間歩き続け、ひどく疲れた大深沢だったが、不思議と心は満たされていた。

渋黒沢支流 石黒沢

県南の滝

仙北市 SENBOKU

支流の滝 難易度3 推定落差7m

石黒沢一つ目の滝 難易度3 推定落差10m

奥の滝 難易度4 推定落差10m

本流の滝 難易度3 推定落差3m

旧ブナ森林道入口 ― 車3km ― 棚白沢入口 ― 車1km ― 五十曲バス停 上五十曲沢 ― 車1km ― 石黒沢入口 ― 車1km（6km）― 柳沢入口
　　　　　　　　　　　　　徒渉60分　　　　　　　徒渉150分　　　　　　徒渉130分　　　　　　徒渉30分

石黒沢

　宝仙湖から玉川温泉に向かい、五十曲バス停を過ぎていくと左から流れ込む沢がある。石黒沢であり、入ってすぐの堰堤を越えて上流へ。約30分で一つ目の滝に着く。轟々と音を立てて流れ落ちる様はなかなかの迫力である。
　滝の左にある山道を登り上流へ出ると小さい滝があり、これを越えると最初の分岐である。ここまで約1時間でこれから左の沢に向かう。約30分で二つ目の分岐があり、また左へと進む。一帯はナメ状の白い岩肌が何百メートルも続き、とても歩きやすい。ナメが終わるとゴーロとなり、何度も岩を登って上流を見やるが、なかなか目的の滝は見えない。二つ目の分岐から約40分、さらに大きなゴーロの上に見事な滝が現れる。
　滝下で写真を撮っていて、もっと近づこうと岩の上に三脚を構え、ザックを置いた。その瞬間、三脚とカメラが忽然と消えた。しまったと思ったが、後の祭りである。10メートルぐらい落下したカメラはレンズが壊れて水浸しになり、フィルムを巻くジージーという空回りの音だけが虚しく鳴り響く。結局、小さいデジカメで撮るしかなく、同行の仲間に、本人の代わりにカメラが犠牲になってくれたのだから、と慰められながら帰途に就いた。

（地図は122ページ）

部名垂沢

県南の滝

仙北市 SENBOKU

部名垂沢 [難易度5] 推定落差(右)10m (左上)15m (左下)10m

国道46号生保内入口 ─車10km─ 車止め ─徒渉120分─ 二股 ─徒渉120分─ 稜線

部名垂沢

角館方面から国道46号線を走り、田沢湖生保内に架かる生保内橋を右折。道路の交差を右へ入り、約4㎞の分岐も右へ折れ、処分場の左下へ進むと部名垂林道の標柱がある。その左へ向かっていくと行き止まり。生保内橋から約10㎞の距離である。車を止め、川を渡って対岸の作業道を上流へ歩く。堰堤が多く、最後の堰堤までは約40分。それを過ぎると本格的な沢登りになる。

この日は天気も良く沢登りには最適である。約40分で一つ目の30㍍ぐらいの滝が左の支流に現れる。写真を撮り終え、さらに約40分。二股に到着する。右手は涸れ沢で白く広々とした光景。さらに登り詰めていくと、右から合流する沢に何段にもなった滝が100㍍もの高さから流れ落ちている。

ここから左の沢へ登る。いよいよ難所である。まもなく10㍍の滝があり、左側にロープがあるので(今はロープがない可能性がある)これにつかまり滝上部に出る。滝はさらに続き、全部で六つあるが、いずれも苔の張り付いたきれいな滝である。上流になると眼下に眺望が広がり、夏瀬ダムや切り立った三ノ沢畚が望める。鳥海山の奈曽渓谷に似た景色で、しばし見とれる。最後の滝までかなりの時間を費やしたが、涸れ沢になると斜面はさらにきつくなり、稜線まで続く。登り終えれば、へとへとである。このころには天気が一変、霧に覆われる。

朝日岳山頂はここから30分ほどだが、見晴らしがきかず、帰りの時間も心配なので引き返す。やはりこの山は、かなりの時間的余裕をみなければ登れない。

シトナイ沢

県南の滝
仙北市
SENBOKU

シトナイ沢 難易度3　推定落差（左）7m　（中）5m　（右）60m

生保内川支流 難易度1　推定落差7m

シトナイ沢

田沢湖生保内から国道46号線を盛岡方面へ向かい、国道341号線との分岐をそのまま通過し、約2キロの地点を右折する。さらに500メートル先の分岐も右折、川沿いに進んで約4キロに生保内川を横断するコンクリート橋がある。これを渡っていくと行き止まりになり、車を止めて上流へ。途中、いくつも堰堤があるが、作業道が川沿いに続いている。これを30分ほど歩くと右から流れ込む沢があり、入ってまもなく5メートルの滝がある。

本流に戻り、少し進むと目的の滝が対岸上流の木立の間に見え隠れする。沢を登っていくと落差約60メートルの滝である。久々に落差のある滝を前にしたので、しばらく見とれた。が、水量がもう少し多ければもっと迫力があっただろうに、と少し残念に思いながら、さらに上流へ向かう。連続する堰堤を越えていくと、右側から流れ込む沢があるので15分ほど遡ると7メートルぐらいの滝がある。さらに進むと左右から流れ込む沢それぞれに小さな滝がある。

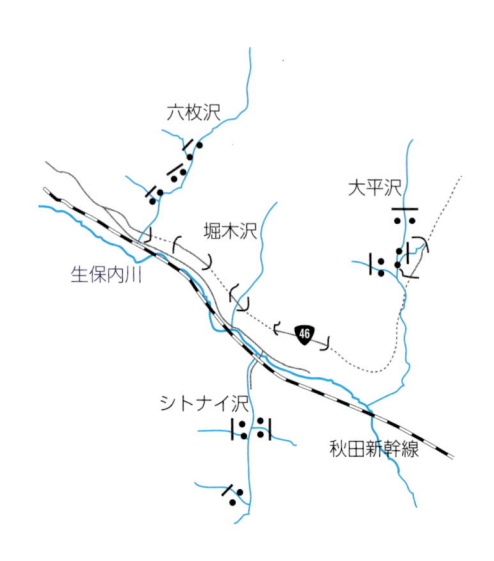

（路程表は131ページ）

大平沢・六枚沢

県南の滝

仙北市
SENBOKU

大平沢 難易度3 推定落差(左)5m (中)10m (右)10m

六枚沢 難易度3 推定落差(左)30m (中)10m (右)10m

大平沢

仙北市田沢湖から岩手県に抜ける国道46号線にはいくつものトンネルがある。その中の大平トンネルを抜け、最も長い仙岩トンネルに入る手前に大きな空き地があるので、ここに駐車する。左方向に作業道があるので、これを下りて沢に出るが、一つ目の滝は下りた地点の反対側の沢を5分ほど遡ると現れる。落差10メートルの繊細な滝である。

本流に戻り、少し遡行すると右から流れ落ちる勢いのある滝が見える。また上流に向かってすぐに5メートル程度の滝があり、さらに上流にも滝が見える。

六枚沢

シトナイ沢へ行くのと同じように国道341号線との分岐を通過して国道46号線を約2キロ進んだ地点から右折。少しすると六枚沢方面と生保内沢方面への分岐点がある。六枚沢への直進路は通行止めなので、そばの空き地に車を止め、その舗装道を約15分歩く。道路終点で左の沢に沿って続く作業道と右方向への道に分かれるので、左へ進んでいく。10分ほどで大きな堰堤があり、その手前に約10メートルの滝がある。さらに堰堤を越えてすぐの所にも苔のついた10メートル、30メートルの滝が現れる。

田沢湖町国道46号と341号の分岐 —車2km— 生保内沢入口 —車7km— 大平沢入口 —徒渉20分— 本流の滝
　　　　　　　　　　　　　　　　　　　　　車1km
　　　　　　　　　　　　　　　　　　生保内沢と六枚沢分岐 —————————徒渉30分— 六枚沢の滝
　　　　　　　　　　　　　　　　　　　　　　　　　　　車4km— 駐車場所 —徒渉40分— シトナイ沢

西木町長沢・堀内沢支流 黒滝

長沢

国道105号線を阿仁比立内の道の駅から仙北市へ向かうと約12キロで長沢林道の入口である。国道から左に折れ、林道を400メートルほど行くと右下に約5メートルの滝が見える。さらに1キロほどで右下の斜面に約50メートルの糸滝、そして本流には3メートル程度の小さい滝が連続する。

長沢　難易度2　推定落差(左)3m　(右)50m

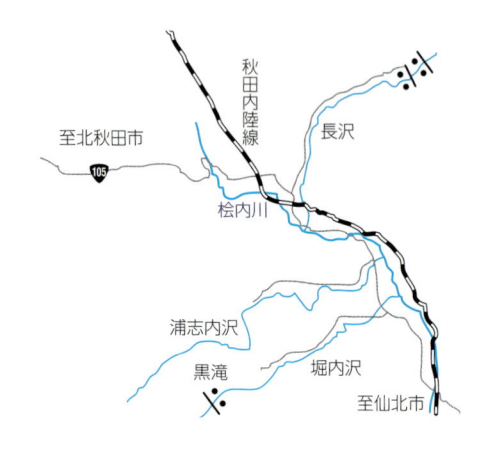

長沢　難易度2　推定落差5m

黒滝

国道105号線を南下して仙北市西木町に入り、堀内地区で大仏岳の登山道方面へと右折する。堀内沢に沿って上流へ向かうと3キロほどで車は行き止まり。そこからの道は徒歩となり、急斜面を上がると下方に滝が見える。堀内沢本流の滝である。さらに進むと約20分で橋があり、さらに約10分で右へ向かう山道があるので、これを進んでいく。途中に左から流れ込んでいる沢があり、これを遡行していくと先ほどの作業道と交差。さらにそのまま遡ると右の奥に黒滝が見えてくる。その名の通り黒い岩肌であり、約20メートルの二段の滝である。ただ、夏場はほとんど涸れ沢である。

黒滝　難易度3　推定落差20m

堀内沢本流の滝　難易度3　推定落差10m

国道105号大仏岳入口 ─車3km─ 行き止まり ─徒歩60分─ 黒滝

国道105号長沢入口 ─車1.5km─ 行き止まり ─徒歩10分─ 滝

県南の滝

仙北市　SENBOKU

善知鳥川支流 水沢・大浅沢

県南の滝

美郷町 MISATO

水沢 難易度3　推定落差(左上) 3m　(右) 15m

大浅沢 難易度4　推定落差7m

水沢・大浅沢

　美郷町の千畑温泉から1ﾛほどのところに真昼岳の善知鳥登山口の標識がある。右折して少し進むとまた登山口の標識があるので、これに従って進んでいく。2ﾛぐらいで大きな堰堤が見え、少し下ると車止めである。ここから見て真っ直ぐの沢が向沢で、右の沢が水沢、左の沢が大浅沢である。

　最初は右の水沢を目指す。雑木林の中を少し下ると右から流れ込む沢に出会い、そこから上流へと遡るが、最初は木の覆い被さる中をしばらく行く。約30分で右から流れ込む沢があり、ここを少し進むと15ﾄﾙぐらいの滝が目の前に現れる。水量はあまりないが、丸みを帯びた細長い滝で、手前のエゾニュウとマッチして涼しさを感じさせる。そこを下ってまた上流へ遡っていくと、今度は3ﾄﾙぐらいの滝に行き当たる。

　車止めまで戻り、今度は左の大浅沢を目指す。約10分で最初の堰堤があり、上流まで相次ぐ堰堤との格闘の始まりである。堰堤わきを越えること10回ほども繰り返し、やっと目指す沢の上流にたどり着く。少し行くと右方から大きく土砂が崩れており、堰堤をこれだけ造るのも少しは理解できるような気がする。

　しばらくゴーロ帯を歩いていくと水が突然に涸れ、沢はいよよ狭くなる。その後はまた水の流れがあり、ナメ状の小さい滝が続き、沢が二つに分かれた所に7ﾄﾙぐらいの滝が現れる。

　真昼岳の頂上から眺めたときは、この合流点にかなり大きな滝があるだろうと思ったが、いささか期待外れであった。

133　(地図、路程表は135ページ)

善知鳥川支流 向沢

県南の滝

美郷町 MISATO

右の沢 難易度4　推定落差(右)7m　(左上)三段5m　(左下)3m

アドバイス
右の沢には大きな滝はなく、ほとんど直登できそうだが、滑りやすいので危ないと感じたら高巻くようにする。

向沢

水沢や大浅沢に行ったときと同様に真昼岳善知鳥登山口の標識を過ぎ、大きな堰堤近くに駐車。ここから登山道を歩くと真昼岳登山道の標柱と営林署の標識があり、沢の名は明通沢となっている。が、地図には向沢とあるのでそう表記することにする。

約5分で最初の堰堤。これからいくつもの堰堤を越えていくが、所々に矢印や丸印があって迷うことはない。途中、谷の両岸を覆う青々としたブナ林や、峻険な稜線から一気に滑り落ちたガレ場などが望め、この沢のスケールの大きさを物語っている。

徒渉を繰り返し約40分で沢の分岐。登山道から離れ、右の沢を遡ると約7メートルの滝がある。その左の岩を登り約30分すると両側が狭くなり、柱状節理が現れる。さらに10分ほどで二つ目の三段5メートルぐらいの滝があり、ここから大して大きくない滝が相次いで現れる。途中に左から流れ込む沢があり、これを遡り、ブナ林を通ってまた沢に下り、上流へ向かう。沢はまた二つに分かれ、右はスラブで左はナメ状の滝が上流へ続くが、水量が乏しく残念である。

この後、向沢の合流点に戻って左の沢を遡行。約10分で右からの沢があり、遡ると落差20メートル二段の滝に着く。戻って真っ直ぐ進み約30分で二段50メートルの滝。見上げるような高さである。

134

右の沢 推定落差10m 　　右の沢右岸支流 推定落差7m

右の沢 難易度4 推定落差5m

左の沢 難易度4 推定落差20m

右の沢 （右）推定落差5m　（左）推定落差30mナメ

左の沢 難易度4 推定落差50m

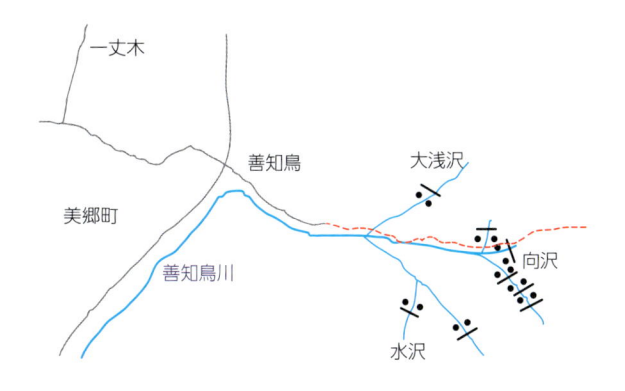

	車10km	車2km	車2km（14km）	
国道13号大曲 美郷町方面信号 （左折）	―	千畑温泉	―	真昼岳善知鳥 登山口入口 （右折）	―	駐車場所	― 水沢　徒渉40分 ― 大浅沢　徒渉60分 ― 向沢右の沢　徒渉130分 ― 向沢左の沢　徒渉70分

大又沢

県南の滝

美郷町
MISATO

大又沢 難易度3 推定落差5m

大滝 難易度3 推定落差7m

大曲国道13号と ─車2km─ 横堀の標識 ─車2km─ T字路 ─車0.2km─ 払田柵方面 ─車8km─ 一丈木 ─車4km─ 真昼岳赤倉口 ─車3km (19.2km)─ 大滝
105号の分岐(直進)　　（払田柵跡の標識）　　（左折）　　（右折）　　（右折）

大又沢

　美郷町の真昼岳赤倉登山口入口を通り過ぎて真っすぐに大又沢へ向かう。最初に支流の内の又沢が現れ、大又沢に架かる橋を渡って約1㎞の右下に滝がある。滝のわきの斜面は急なので、少し下がった所から沢に下りて滝を目指す。
　この沢を下りる途中、岩に手をかけたらヘビで、思わず声を張り上げてしまった。ヘビのそばまでは何度も近づいたことはあるが、握ったのは初めて。ヘビはシマヘビだが、マムシだったらと思えばゾッとする。
　沢に下りると落差15㍍の滝が正面に現れる。水量が多くて迫力がある。この後、林道に戻り、1㎞ほど進むとまた下に滝が見える。形が整っていていい滝だな、と思いつつ下りてみたら残念ながら古い堰堤だった。
　その上方の林道沿いに水無沢の標柱があり、沢に入ると、最初の堰堤を越えてまもなく3㍍ぐらいの滝がある。上を見ると廊下状でさらに滝がありそうだが、水量が少ないので引き返す。
　また林道に戻り、今度は大滝へ向かう。林道を進むと北又沢と道路が交差し、その下流に大滝がある。大滝の展望場所はこの交差地点から200㍍ぐらいだが、思ったほど見えないので滝の下に行く。手前の沢を下り、大滝の下まで行くと落差は7㍍ぐらいである。

雄物川町 七滝・不動滝・山内大倉沢

県南の滝

横手市 YOKOTE

七滝

横手市雄物川町地区の出羽グリーンロードから右折し三井山方面へ折れると案内標識があるので、すぐ左へと進む。約2㎞で右方の突き当たりに切り立った岩盤が見え、カーブまで行くと上に祠、その下に七滝が見える。その名の通り七段もある大きな滝で、木々が色づく秋はさぞ見応えがあると思われる。

七滝 難易度1　推定落差10m

七滝 難易度1　推定落差10m

不動滝

雄物川町地区で今度は国道107号線に乗って本荘市方面に向かう。途中に大沢口境目御番所跡があり、ここから左の川の方へ進んでいく。約2㎞で左の上方に不動滝が見えてくる。湧き水が滝になり、何段にもなった流れが清々しさを醸し出している。

不動滝 難易度1　推定落差3m

山内大倉沢

横手市山内大倉地区の国道107号線を北上方面へ走り、大松川ダム入口を左折する。ダム管理事務所を過ぎ、橋を渡って対岸を4㎞ほど行くと大倉沢、小倉沢入口がある。ここを右折し、少し行くと二つの沢の分岐点があるので左へ進み、5㎞ほどで大倉沢の急峻な岩肌が姿を現す。二つの滝が見え、うち一つは水量こそないものの落差は50㍍もあろうかという滝である。もう一つの落差は10㍍ぐらい。手前には沼もあり、レクリエーションの場として最適といえそうだ。

大倉沢 難易度1　推定落差10m(左)　推定落差50m(右)

明通沢・大深沢の滝

県南の滝

東成瀬村
HIGASHINARUSE

明通沢 難易度4 推定落差15m

明通沢 難易度3 推定落差30m

明通沢 難易度4 推定落差(左)10m (右)10m

シャワー滝 難易度4 推定落差30m

国道342号「ぽよよんの森」オートキャンプ場入口(左折) ─車1km─ 明通橋 ─徒渉160分─ 明通沢

明通沢

いつかはきっと、と思いながら、なかなか行けなかった沢である。

東成瀬村の国道342号線を南下する途中、「ぽよよんの森」オートキャンプ場へ左折。キャンプ場を通過して約1㎞の明通橋の手前に駐車する。徒歩で水路沿いに上流へ向かうと約15分後、川の合流点に30㍍の素晴らしい滝が足下に広がる。ここから遡行を開始。約10分で分岐に到着し、さらに10分で15㍍の滝が現れる。

この後、滝から100㍍ぐらい引き返し、左岸の小さな滝の左から巻いていく。山道を通り滝の上に出て20分ほどで3㍍の滝がある。その右岸を巻いて上流に出て20分ほど行くと、今度は10㍍の滝。ここも巻いて滝の上に出て約20分後、30㍍の滝が現れる。垂直に落ちる滝は見事で"シャワー滝"と呼ばれるそうだ。上流には三段滝があるという。

引き返して10㍍の滝の上流左から稜線へ上がり、稜線伝いに上流へと進むと約7㍍の滝が右方に現れる。さらに稜線を進むと、今度は左側の支流の上流に約50㍍の滝が見えてくる。稜線を歩いた時間は約1時間。

明通沢右岸上流 難易度5　推定落差50m

明通沢右岸 難易度5　推定落差7m

大深沢右岸 難易度4　推定落差5m

大深沢支流 難易度3　推定落差15m

大深沢

明通沢の一つ上流の沢が大深沢で国道342号線から入る。オートキャンプ場の方へ曲がらず真っ直ぐ進み、大きな谷地橋を過ぎてすぐ左折する。約700メートルで大深橋があり、その手前から林道に入るが、途中で行き止まりなので空き地に駐車する。その手前に支流が流れており、最初にここへ入り、5分も行くと15メートルの滝が現れる。

さらに本流へ進んでいくが、堰堤を越えて20分ほどで沢の分岐。まずは左に入るが、物凄く荒れた沢で、崩落して堆積した岩の上を10分ほど進むと5メートルぐらいのきれいな滝が現れる。

国道342号ぽよよんの森オートキャンプ入口（直進） ― 車1km ― 谷地橋 ― 車0.7km ― 大深沢入口（右折） ― 徒渉30分 ― 大深沢の滝

十賊沢

県南の滝

東成瀬村
HIGASHINARUSE

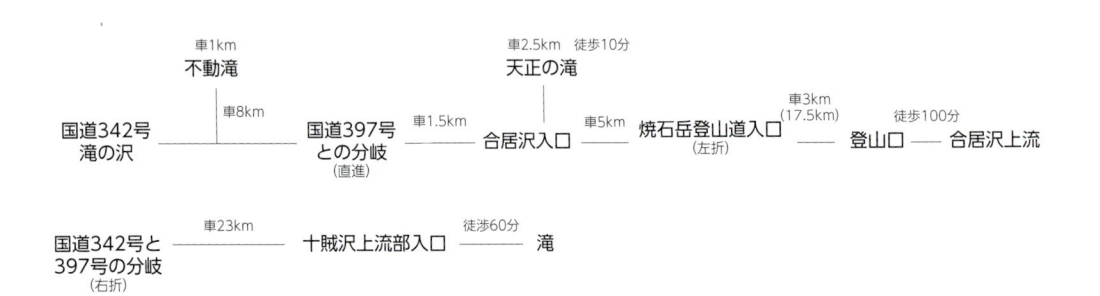

十賊沢
難易度4　推定落差(左)30m　(右)15m

十賊沢

十賊沢(とくさ)へは北ノ俣沢本流から遡行して何度か訪ねているが、今回は国道342号線から十賊沢上流を目指す。

東成瀬村の国道397号線との分岐から栗駒山方面へ約23㌔地点に大谷地歩道の標柱がある。この歩道をたどって沢へと下りる。歩道入口から約20分で分岐があり、右下へ進む。数分で二つ目の分岐となり、左に進むと山道は急傾斜となり、沢までは約10分で、さらに下へと下りて約20分で沢への分岐に到着。そこから右の支流に入り約5分で最初の15㍍の滝がある。両側が切り立った斜面は紅葉の盛りである。

この滝の上流にも大きな滝があるようなので、左斜面の稜線へと上がる。見えた滝は落差約30㍍。周りの紅葉が黒い岩肌を引き立たせており、その見事な光景に感動する。

```
                車1km                        車2.5km  徒歩10分
              不動滝                        天正の滝
                │                             │
国道342号      │車8km      国道397号  車1.5km        車5km   焼石岳登山道入口  車3km    徒歩100分
滝の沢  ──────────  との分岐  ────── 合居沢入口 ──────          ──────  登山口 ──── 合居沢上流
                              (直進)                              (左折)    (17.5km)

              車23km                        徒歩60分
国道342号と ────────── 十賊沢上流部入口 ────── 滝
397号の分岐
 (右折)
```

不動滝・合居沢

県南の滝

東成瀬村
HIGASHINARUSE

天正の滝 難易度2　推定落差10m

不動滝 難易度1　推定落差10m

合居大滝 難易度4　推定落差20m

合居沢最上流 難易度5　推定落差(右)30m　(左)15m

合居沢

東成瀬村の不動滝は「仙人修行」のイベントで有名。毎年、県内外から多くの人が参加する。次に有名な滝は合居沢の天正の滝であり、遊歩道が整備されて滝までは約10分程度である。

天正の滝の上流、続く合居沢への林道はここで通行止めだが、沢を遡っていけば大滝などかなりの数の滝があることが分かる。

今回は焼石岳登山道の方から合居沢の最上流部を目指す。まず大森山登山口から焼石岳登山道を40分ぐらい行くと五合目の釈迦懺悔に到着。ここから焼石岳登山道と別れ左の稜線へと進んでいく。これは三界山へのコースでもあるが、夏は竹やぶに覆われるので、歩きやすい春の固雪のころがベストである。

稜線を少し歩いていくと左下方に合居沢が見え、はるか上流には落差30㍍ぐらいの滝が見えてくる。さらに稜線を歩き、40分ほどすると合居沢が近くなり、沢へ下りること約10分で合居沢最上流部の滝に到着。断崖から落ちる15㍍の直瀑である。

141　(地図は139ページ、路程表は140ページ)

小安沢の滝

県南の滝
湯沢市
YUZAWA

小安沢上流 難易度5 推定落差50m

小安沢下流 難易度4 推定落差15m

小安沢

国道398号線を南下し、湯沢市皆瀬に入って最初の沢が小安沢である。小安峡と同様に狭い峡谷となっている。小安峡へ向かう手前で小安沢へ下りる道路を進んでいく。沢に架かる橋の下に駐車スペースがあるので車を止め、沢を遡行する。最初の小さい堰堤、さらに二つの堰堤を越えていくと右から流れ込む支流の沢があり、そこを少し遡ると二つ目の15㍍二段の滝がある。本流に戻って堰堤を越えていくと二段と狭くなり、至る所に流木があって歩きにくい。腰まで水に浸かりながら遡ること30分、極端に狭くなった所で糸状の滝が2本現れる。切り立った両側の崖から流れ落ちる繊細な滝である。

さらに20分ほど歩くと目的の50㍍の滝が目前に迫る。裾の広い滝で、屋久島の大川の滝に似たスケールの大きさである。

アドバイス

小安沢は両側が切り立った狭い峡谷なので、雨が降るとすぐに増水し、逃げ場がない。天候には十分注意して行動する必要がある。

（路程表は145ページ）

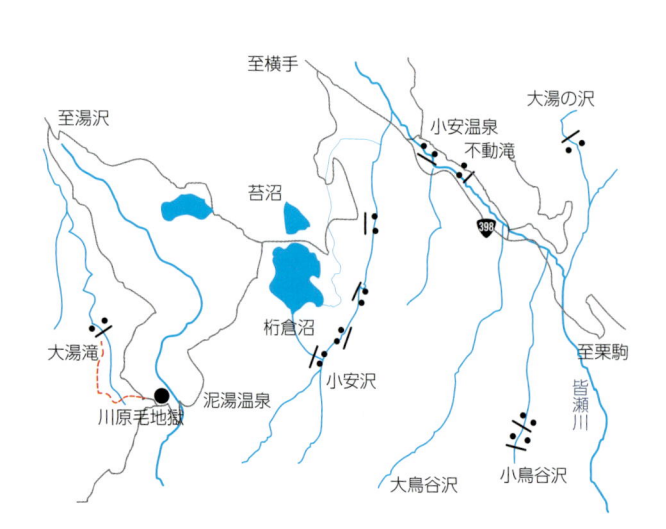

142

小安峡の滝

県南の滝
湯沢市
YUZAWA

アドバイス

小安峡での撮影適地は峡谷の底や橋の上、そして橋を渡った対岸の道路をやや上流へ行き、不動滝を見下せる場所などである。

小安峡 難易度2　推定落差20〜30m

小安峡

湯沢市皆瀬にある小安峡にはたくさんの滝が流れ落ちている。不動滝と呼ばれる滝は本流の突き当たりにあり、狭いゴルジュの中を勢いよく流れ落ちる凄まじい滝である。

小安峡の滝の見ごろは、水量の多い春、紅葉のきれいな秋、そしてライトアップされる冬だが、夏場も含め、いつ訪れても雄大な景観を満喫できる。

143　（地図は142ページ、路程表は145ページ）

小鳥谷沢の滝

県南の滝

湯沢市
YUZAWA

小鳥谷沢
難易度4　推定落差(左)30m　(中)7m　(右)7m

小鳥谷沢

　国道３９８号線を南下して湯沢市皆瀬の小安沢、小安峡を過ぎていくと大鳥谷橋、下小鳥谷橋、上小鳥谷橋が現れる。小鳥谷沢は上小鳥谷橋の上流にある。橋の手前右斜面に作業道が上流へ伸びているので、これをたどっていくと大きな堰堤に至る。堰堤上流に出てから沢に入る。遡行の途中、至る所に増水時の爪痕として流木が残っている。約30分歩くと岩を積み上げた堰堤があり、こんな所によく造ったものだと感心する。
　そこから狭い谷間を40分ほど行くと最初の滝が右奥に現れる。落差10メートルほどの糸滝である。さらに10分ほどで滝が連続してくる。小さい滝に始まり、7メートル、3メートル、そして30メートルもあるような直立した滝が現れる。残念ながら水量は乏しく、春先の水量の多い季節ならかなりの迫力がありそうだ。

アドバイス

　小鳥谷沢も小安沢と同様に両側が狭く切り立っている場所がある。増水の危険を避けるため事前に気象情報を把握し、雨模様なら入渓しないのが肝心である。

コラム 其の六　Column

回帰本能

　山あいの村で生まれ、幼年期は野山を駆け回り、自然との関わりの中でいろいろな遊びを体験する。中学、高校生になると田舎の生活が嫌になり、そのコンプレックスを抱きながら、憧れの東京の大学へ進学した。東京生活の間はずっと田舎生まれを消し去りたいと思い続けた。
　ところが、就職はしたものの都会の生活に馴染めず、心安らぐことのない無為な日々に苦しむようになった。そこでいったん帰郷し、幼年期と変わらない環境に身を置いた。そしてそこに住み続ける人たちと付き合い始め、一緒に仕事をするうちに、今までにない安らぎを見いだした。やがて無意識にその環境に適用していこうとする自分も発見した。それからというもの、あれほど嫌った田舎に深く魅入られる日々が始まった…。
　いま振り返ってみると、故郷への回帰本能のようなものがいつしか心の奥底に秘められ、やがて月日が満ちて開花した、ということなのではないだろうか。この回帰本能は生まれ育った川に戻るサケばかりではなく、人間も本来的に持っていると思えてならない。

(地図は142ページ、路程表は145ページ)

大湯ノ沢の滝

県南の滝

湯沢市
YUZAWA

大湯ノ沢 難易度3　推定落差(左上)7m　(左下)10m　(右)10m

```
国道13号横手市                    小安峡・皆瀬の
十文字で一関・    車3km          標識              車25km
増田方面の信号                    (右折)                    小安沢入口   徒歩150分
   (左折)
                                                  車2km (30km)
                                                  小安峡
                                        車3km
                                        上小鳥谷橋    小鳥谷沢   徒渉100分
                                        車1km        大湯ノ沢   車2km 徒渉60分
                                        皆瀬川入口 (入口で通行止め)
```

大湯ノ沢

国道398号線を走って小安峡を過ぎていくと大鳥谷沢、小鳥谷沢と続き、さらに少し行くと左の方に大湯温泉がある。その温泉の上流にあるのが大湯ノ沢。地図上に滝マークもあるこの沢にアプローチする。

上小鳥谷橋を過ぎてすぐ左に折れる林道があり、これに入って約50メートルで今度は右に登っていく林道がある。大湯温泉の左上を通る林道で約2キロ進むと右の沢に下りていく道が続いており、それを少し下っていくと3台分程度の駐車スペースがあるので、そこから徒歩で沢へ向かう。最初は緩い下り坂だが、途中からかなり急になる。約15分で沢に到着である。

そこから上流へと続く山道を沢沿いに進む途中、沢が二つに分かれるので今度は左の沢へ入る。予想より水量が乏しく、あまり期待できないと思いつつ遡ると、また二つに分かれるので今度は右へ入る。狭い谷間を10分ほど行くと目的の滝が現れた。が、やはり水量の少ない落差10メートル程度の滝である。ここまでの所要時間は、沢への到着地点から約40分である。

小田代沢の滝

県南の滝

湯沢市 YUZAWA

小田代沢 難易度3 推定落差7m

小田代沢

大湯温泉前を通る国道398号線を栗駒山の方へ向かい、大崎・栗原方面への標識を右折。しばらく進んで栗駒の湧き水を過ぎていくと田代沢林道入口である。田代沼のちょうど反対側に位置している。

その林道を入っていくと、約3㌔地点で道路は行き止まり。車を止めて右下を流れる臼ケ沢を下って田代沢を目指す。約20分で到着、上流にある小田代沢との分岐へと向かう。約30分でその分岐に着き、右の小田代沢を30分ほど遡ると7㍍ぐらいの滝がある。真っ直ぐ落ちる均整のとれた滝である。

このあと田代沢の分岐点に戻り、田代沢本流を遡行してみたが、滝らしい滝はなく、ゴーロの連続であった。

（皆瀬川を下流から遡行する場合）

国道398号 皆瀬川入口（右折） — 車0.3km — 行き止まり — 徒歩100分 — 大滝沢入口 — 徒渉60分 — 大滝

国道398号 田代沢林道入口（途中で不通） — 車3km — 大滝沢入口 — 徒渉60分 — 大滝
　　　　　　　　　　　　　　　　　　　　— 徒渉50分 — 小田代沢入口 — 徒渉30分 — 滝

146

大滝沢
難易度4　推定落差7m

大滝沢
難易度4　推定落差7m

大滝沢大滝
難易度5　推定落差70m

川へ降りる途中の滝
難易度3　推定落差7m

大滝沢の滝

県南の滝

湯沢市
YUZAWA

アドバイス

皆瀬川下流から軌道跡をたどるコースの場合、途中に壊れた木橋がある。川面からの高さが半端でないうえ、橋中央部に垂直な梯子が架設されており、高い所が苦手な人は難渋すると思う。

大滝沢

皆瀬川・春川への遡行は、大湯温泉を過ぎてから皆瀬川沿いに軌道跡をたどり上流を目指すルートと、国道398号線から林道の短絡路を通って皆瀬川中流域へ下りるルートがある。今回は後者にトライする。

小田代沢へ向かうときと同様に田代沢林道を下る。以前は約4キロの林道終点まで車が通れたが、今回は約3キロ地点で道路が崩落していたため1キロほど歩く。終点から川へ続く山道を約20分下りていくと皆瀬川中流域に出る。対岸の軌道跡へは杉林の作業道を川沿いに下流へ進み、浅瀬を渡る。水量が多いと無理なので数日前から気象情報を把握しておく。

軌道跡に出て20分ほど上流へ向かうと、大きなミズナラの木の根が支流の大滝沢に伸び出ている。沢に入って約10分で最初の滝に到着。落差約7メートルで直登可能に見えるが、滝下のプールが深いので向かって左の斜面を登る。滝の上に出て遡ると小さな滝がいくつか現れ、やがて川が右に大きく折れる所があり、その正面に目的の滝が姿を現す。約70メートルの滝は形、規模ともに申し分なく、久しぶりの大きな滝を前に、しばし感動に浸る。

この滝までは大滝沢入口から約1時間の行程である。

147　(地図、路程表は146ページ)

ツブレ沢の滝

三滝沢 難易度4 推定落差7m

ツブレ沢 難易度4 推定落差(上)7m (右下)7m (左下)10m

県南の滝

湯沢市 YUZAWA

ツブレ沢

国道108号線を南下して秋の宮温泉郷を過ぎ、湯ノ又温泉(今は営業していない)入口を左折して1キロほどでツブレ沢入口である。水上沢林道の標柱を右折してまもなく車は行き止まり。少し手前の杉林の中に細い作業道があるので、これを歩いて沢へ下りていく。途中、山の斜面に滝が見えるが、ツブレ沢はこの滝の上流である。作業道をさらに進み、木の橋を渡っていくとツブレ沢に到着する。沢沿いにまた作業道が上流へ伸びており20分ほどで堰堤に。ここから沢に下り約20分遡ると最初の滝である。二段7メートルで滝壺は深く、鬱蒼とした木々の間にひっそりと佇む。下段の滝は登れるが、上段は滑りそうなので向かって右の斜面を登っていくと巻き道があり、それをたどり上流に出てまもなく二つ目の滝である。右から流れ込む支流の滝で水量はないが、落差は10メートルほど。そこを過ぎると狭いゴルジュで、見上げると100メートルものスラブが上方へ伸びている。狭い場所だけによけいに高さを感じる。ゴルジュを過ぎると正面に7メートルの滝が現れ、向かって左を直登。斜面にロープがあるので登りやすい。上流を少し行くと正面の支流に10メートルの滝。さらに進むと右からの沢があるが、ここは水量の多い左の沢へ。少し歩くと右から三滝沢の合流点である。すぐ近くに約7メートルの形の整った滝がある。

さらに本流を進んでいくと森吉山の赤水沢のようなナメ床が続く。その涼しげな光景にしばし暑さを忘れる。ここを過ぎると小滝が続くが、30分ほどで引き返す。

(地図、路程表は149ページ)

148

黒滝 [難易度4] 推定落差70m

黒滝沢支流 [難易度4] 推定落差20m

湯ノ又大滝 [難易度1] 推定落差10m

黒滝沢の滝

県南の滝

湯沢市 YUZAWA

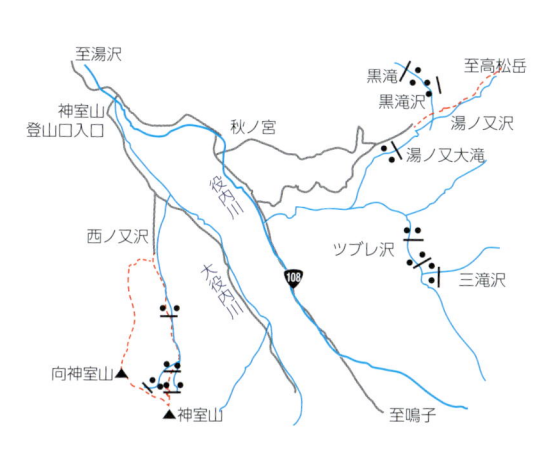

黒滝沢

国道108号線から湯ノ又温泉入口を左折して進み、ツブレ沢入口も通過していくと湯ノ又大滝である。この滝も見応えがあるが、その上流にある黒滝も落差70メートルの素晴らしい滝である。

湯ノ又大滝を過ぎ、湯ノ又温泉も過ぎていくと、やがて通行止めとなるので徒歩で上流へ向かう。高松岳への登山道でもあり、約30分で黒滝沢と交差する。ここから左の沢に沿って遡る。約30分で急に沢が狭くなるが、まもなく超然と佇む黒滝が現れる。

車15km　車1km　車1km　車1.5km（18.5km）　徒歩30分　徒渉30分
国道13号秋ノ宮 ― 秋ノ宮温泉 ― 湯ノ又温泉入口 ― ツブレ沢入口 ― 湯ノ又大滝 ― 黒滝沢 ― 黒滝温泉入口
　　　　　　（左折）　　　　　　　　　　　　　　　　　　　　　　　　徒渉150分

大滝下流 難易度3 推定落差7m

大滝 難易度3 推定落差7m

西ノ又沢上流 難易度5 推定落差5m

西ノ又沢上流 難易度5 推定落差5m

西ノ又沢の滝

県南の滝

湯沢市
YUZAWA

西ノ又沢

国道108号線を南下して湯沢市秋ノ宮の名水「目覚めの水」を過ぎると神室山登山口の標識がある。これを右折して橋を渡っていくと、やがて神室山パノラマコース入口となり、さらに進むと行き止まりとなる。空き地に駐車し、西ノ又川沿いの登山道を上流へと向かう。途中に釣り橋が2カ所あり、2カ所目を過ぎた中腹に一つ目の滝の大滝入口がある。矢印に従い川へ下りると上流に約7メートルの大滝がある。清冽に流れ落ちる滝である。その下の支流を遡行、あまり大きくない滝の一つを撮影する。

登山道に戻り上流を目指す。途中で道が狭くなり、崩落個所もあるので注意しながら三十三尋滝に達する。ここまで大滝への所要時間も含め約2時間である。三十三尋滝は水量が多く迫力がある。登山者はここで川から離れ、胸突き八丁のきつい登山道をたどるわけだが、今回の目的は川の遡行なのでこのまま上流へ遡る。

上流の様相は以前訪れたときと全く異なり、土砂や岩、流木で埋まり、増水時は土石流

150

奥ノ滝左　推定落差10m

奥ノ滝　難易度4　推定落差10m

三十三尋滝　難易度4　推定落差20m

西ノ又沢中流　難易度3　推定落差5〜7m

で荒れ狂うことが歴然である。このあと急なゴーロを登って約30分で沢が二つに分かれるが、真っ直ぐ進んでみる。このまま行くと前神室の稜線に至ると思われたが、途中で土砂崩落のため足場が悪く引き返し、今度は左の沢へ入っていくと5メートルの滝があった。

三十三尋滝まで戻り、この滝の上流にある奥ノ滝を目指す。登山道を歩いて滝の上に出て10分もすると奥ノ滝に着く。二段約10メートルの狭い滝である。

```
           車9km      車5km     車1km（15km）
国道13号秋ノ宮 ── 国道108号 ── 神室山      ── 林道終点
温泉入口       神室山登山口  パノラマコース
（左折）       （右折）      入口
                                         徒渉120分
                                         三十三尋滝
```

大湯滝・板井沢

県南の滝

湯沢市
YUZAWA

大湯滝 難易度2　推定落差20m

大湯滝

湯沢市皆瀬から泥湯温泉を通って川原毛地獄に至り、10分ほどで大湯滝の駐車場である。車を止めて山道を約20分歩いていくと大湯滝に到着する。天然の露天風呂で行楽期は多くの人が訪れる。秋田自動車道を利用する場合、湯沢横手道路の須川ICで下りて大湯滝駐車場へ向かうのが所要時間の最短コースである。

① 高速須川IC —車13km— 大湯滝・川原毛入口 —車5km— 大湯滝駐車場 —徒歩20分— 大湯滝

② 国道398号皆瀬入口（右折）—車5.5km— 木地山分岐（左折）—車3km— 泥湯温泉 —車2km（10.5km）— 川原毛地獄 —徒歩30分— 大湯滝

152

板井沢

皆瀬から栗駒山方面へ向かい、途中で大崎・栗原方面の標識を右折する。しばらくすると板井沢に架かる橋があり、そこから二段になった滝が見える。

板井沢　難易度1　推定落差20m

備え

コラム 其の七
Column

遠出する際、いつも持っていくのは地図、コンパス、非常食を含む多めの食料、着替え、防寒具、などである。突然の降雨などで予定通り帰れない場合を想定してのことだ。

八幡平の藤七温泉の登山道入口から仙北市田沢湖の鶴の湯温泉の湯温泉部へ抜ける縦走路を通り、途中の嶮岨森の下から仮戸沢を下りて大深沢源流部へ行った時のこと。空は澄み渡り、遠くは鳥海山、秋田駒ヶ岳まで見渡せる素晴らしい天気で、仲間と一緒にその眺望を楽しみながら縦走路を下り、嶮岨森まで進んでいった。そして、ここから背丈を超える竹藪をくぐり、仮戸沢の上流部から東ノ又沢と北ノ又沢の合流点のテント場へと下りていった。空はまだ青く、フライシートを張り、昼食を摂った後、少し下流にある通称〝ナイアガラの滝〞でゆっくりと滝の撮影を楽しんだ。

夕方、テントに戻って夕食の支度をしていた頃から空が急に暗くなり、ポツリ、ポツリと雨が降り出す。本降りにはならないだろうと思い、仲間と酒を飲んで上機嫌でシュラフにもぐり込む。しばらくすると雨は土砂降りとなり、一晩中降り続いた。朝起きると、驚いたことに本流は濁流となり、前日下りてきたゴーロは全て茶色の滝に変わっている。テント場もう少しで水浸しとなるので、どうするか即断しなければならない。話し合った結果、裏の急斜面を登り、いったん稜線へ出て、仮戸沢の上流へ向かうことにする。

ここで大事なのが飲み水だが、この濁流では飲み水にはできない。そこでタープに貯まった雨水を煮沸してペットボトルに詰め、いよいよ急斜面を登り始めた。しかし背丈以上の竹は太いうえ、密生していて思うように進めない。雨に濡れて重くなったリュックも肩にのしかかる。悪戦苦闘の末、やっと稜線まで辿り着いた。

ここで地図が威力を発揮。コンパスと高度計を使い、位置を突き止める。そしてまた藪との苦闘である。移動中に何度も位置を確かめながら、全身汗だくになって着実に上流へ向かった。そして7時間後、ゴーロの上流に出た瞬間、思わず地図とコンパスと高度計に感謝した。そこから1時間、やっと縦走路に辿り着いた。

山や川などに行く時は最悪の事態を想定し、万全の備えをすることが自分を守る最良の方法である。

表紙等の写真について

表紙の写真
桃洞沢の滝

北秋田市の森吉山麓にある桃洞の滝の下流にはいくつかの小さな滝が連続するが、それらを満月の夜に撮影したものである。深い青色の滝は神秘的である。

難易度2、推定落差3m

「はじめに」の写真
天正の滝

東成瀬村合居沢にあり、水量が多く豪快に落下する滝である。午前中、陽が当たると虹ができ感動的な光景となる。

難易度2、推定落差10m

「あとがき」の写真
桃洞沢の滝

表紙写真と同じ場所で、青白く渦巻く流れが月光で浮かび上がっている。

154

「県北の滝」の扉写真

峨瓏の滝(がろう)

藤里町の道路沿いにあり、秋の紅葉、冬の霧氷が特にきれいである。また最近はライトアップされ、日中とはひと味違う夜の景観を楽しめる。

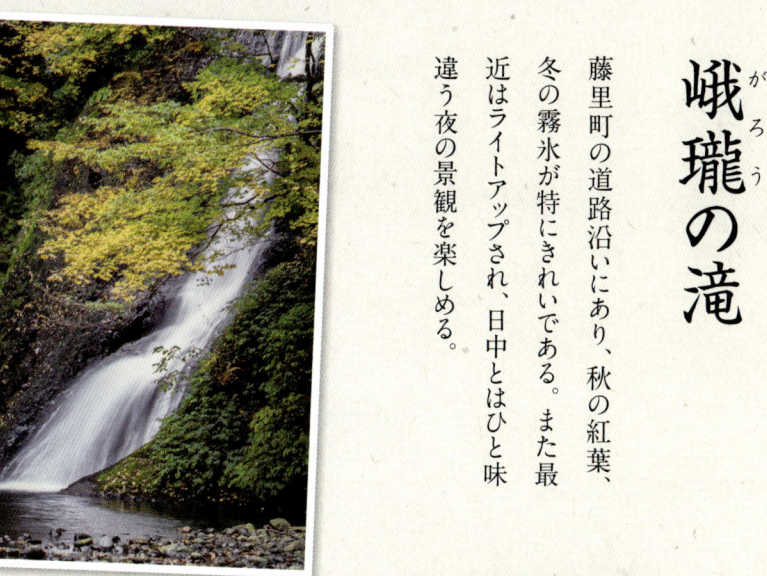

難易度1、推定落差10m

「中央の滝」の扉写真

不動滝

秋田市の太平山野田口登山道の途中にあり、三連最上部の滝である。苔むした岩と繊細な流れが魅力的だ。

難易度3、推定落差5m

「県南の滝」の扉写真

回顧の滝(みかえり)

抱返り渓谷で二段に落ちている直瀑。赤く色づく紅葉と白い水しぶきの組み合わせは絶妙である。

難易度2、推定落差20m

す
杉倉沢	由利本荘市	97
スケヅツ沢	北秋田市	63

せ
千本杉沢	北秋田市	52

そ
早瀬沢	北秋田市	63
袖川沢	大仙市	112
ソヤノ沢	仙北市	124
曽利滝	鹿角市	30

た
高石沢	鹿角市	31
滝倉沢	大仙市	113
滝ノ沢	藤里町	40
滝ノ沢	藤里町	41
滝ノ沢	秋田市	80
滝ノ沢	仙北市	125
田倉の滝	由利本荘市	94
立又渓谷	北秋田市	67
タツノクチ沢	仙北市	118
棚白沢	仙北市	122
ダルマ滝	大仙市	106

ち
茶釜の滝	鹿角市	27
銚子の滝	鹿角市	25
銚子の滝	藤里町	38
長命の滝	にかほ市	103

つ
土川	北秋田市	58
繁沢	北秋田市	69
ツブレ沢	湯沢市	148

て
伝左衛門沢	仙北市	125
天正の滝	東成瀬村	141

と
桃枝集落	鹿角市	26
桃洞沢	北秋田市	54
桃洞の滝	北秋田市	54
十賊沢	東成瀬村	140
戸瀬滝ノ沢	仙北市	121
戸鳥内沢	北秋田市	64
止滝	鹿角市	24
泊滝	鹿角市	26
泊滝	大館市	37
虎の尾滝	鹿角市	26
鳥越川	にかほ市	103
十和田湖西湖岸	小坂町	18

な
長沢	仙北市	132
中滝	鹿角市	24
中滝	大館市	33
中滝	北秋田市	55
長滝	北秋田市	63
長滝沢	鹿角市	29
中ノ沢	鹿角市	30
中ノ滝	仙北市	116
中ノ又沢	八峰町	45
中ノ又沢	北秋田市	66
中ノ又沢	仙北市	119
中屋布沢	鹿角市	21
奈曽川	にかほ市	101
七瀬大滝	大仙市	110
七瀬沢	大仙市	111
七滝	小坂町	19
七滝	横手市	137
ナメ滝	鹿角市	27
南外不動滝	大仙市	115

に
錦見の滝	鹿角市	25
西ノ又沢	湯沢市	150
二天の滝	仙北市	117
二ノ滝	北秋田市	67

ぬ
沼沢	大館市	37

の
ノロ川	北秋田市	56

は
萩形沢	上小阿仁村	70
化の堰	北秋田市	57
化の滝	北秋田市	56
梯子滝	北秋田市	61
八段の滝	北秋田市	55
ハネ滝	鹿角市	27
早口川	大館市	37

ひ
東の沢	鹿角市	25
東ノ又沢	仙北市	127
東又沢	藤里町	42
丁川上流	由利本荘市	94
丁川右流	由利本荘市	93
桧原沢	藤里町	40
檜山滝	由利本荘市	88
冷水沢	北秋田市	59
平滝	大館市	36
平滑の滝	北秋田市	68

ふ
深木沢	秋田市	78
福倉沢	鹿角市	22
二ツ滝沢	小坂町	18
不動滝	由利本荘市	85
不動滝	横手市	137
不動滝	東成瀬村	141

へ
部名垂沢	仙北市	129

ほ
法体の滝	由利本荘市	88
堀切沢	小坂町	18
堀内川	鹿角市	21
堀内沢	仙北市	132

ま
曲滝	北秋田市	56
真木渓谷	大仙市	108
真木白滝	大仙市	109
真瀬川	八峰町	44

み
水沢	美郷町	133
水沢川	八峰町	43
ミソギ滝	鹿角市	26

む
向沢	美郷町	134

め
夫婦滝	鹿角市	26

も
最上沢	大館市	32
元滝	にかほ市	100
元滝伏流水	にかほ市	100

や
弥助沢	鹿角市	25
安の滝	北秋田市	66
柳沢	仙北市	121
谷櫃沢	にかほ市	102

ゆ
湯ノ沢	仙北市	125
湯ノ又大滝	湯沢市	149
湯ノ又の滝	鹿角市	25
湯渕沢	仙北市	116

よ
夜明島渓谷	鹿角市	26
横滝	北秋田市	61
四階滝	大館市	35

れ
連瀬沢	北秋田市	50

ろ
六段の滝	北秋田市	55
六枚沢	仙北市	131
六郎沢	北秋田市	58
六階の滝	北秋田市	57

わ
ワリ沢	大館市	34

さくいん

五十音順
Index

あ
あいの沢	小坂町	18
赤川	にかほ市	103
赤倉沢	大館市	34
赤倉沢	北秋田市	69
赤倉沢	秋田市	77
赤沢川左	由利本荘市	92
赤沢川右	由利本荘市	90
赤田大滝	由利本荘市	84
赤滝	由利本荘市	87
赤水沢	北秋田市	53
安久谷川	鹿角市	22
明通沢	東成瀬村	138
旭川	秋田市	76
旭滝	大仙市	115
朝日又沢	秋田市	80
芦名沢	仙北市	120
穴滝	北秋田市	56
穴滝	由利本荘市	88
荒瀬川	北秋田市	61

い
石黒沢	仙北市	128
一ノ滝	北秋田市	67
一ノ又沢	八峰町	43
一ノ又沢	八峰町	45
一ノ又沢	北秋田市	60
井出舞沢	秋田市	79
糸滝	大館市	35
岩瀬川	大館市	34
岩谷沢	鹿角市	28

う
魚の沢	北秋田市	58
鶯川	由利本荘市	86
内川	藤里町	41
打当内沢	北秋田市	64
善知鳥川	美郷町	133
浦志内沢	鹿角市	20
雲上の滝	鹿角市	27

お
大浅沢	美郷町	133
大旭又沢	上小阿仁村	72
大柄の滝・女滝	能代市	48
大川目沢	大館市	33
大倉沢	横手市	137
大倉の滝	由利本荘市	89
大倉又沢	五城目町	74
大沢	仙北市	118
大茂内沢	大館市	33
大杉沢	由利本荘市	112
大滝	上小阿仁村	71
大滝	秋田市	80
大滝	大仙市	107
大滝	仙北市	126
大滝	東成瀬村	141
大滝	湯沢市	150
大滝	北秋田市	49
大滝沢	湯沢市	147
大繁沢	北秋田市	69
大火沢	由利本荘市	96
大平沢	仙北市	131
大深沢	東成瀬村	139
大深沢源流	仙北市	126
大深沢中流	仙北市	124
大又沢	美郷町	136
大湯川	鹿角市	24
大湯滝	湯沢市	152
大湯ノ沢	湯沢市	145
大楽前沢	鹿角市	23
奥ノ滝	湯沢市	151
長部沢	大館市	32
男滝	北秋田市	55
小衣の滝	鹿角市	21
小安峡	湯沢市	143
小安沢	湯沢市	142

か
篭沢	秋田市	77
粕毛川	藤里町	42
合居沢	東成瀬村	141
カッチ東ノ又沢	大館市	36
ガマ渕	北秋田市	56
上五十曲沢	仙北市	123
上山内沢	八峰町	44
上日高の滝	鹿角市	22
軽井沢	秋田市	76
川口渓谷	大仙市	106
川島の滝	鹿角市	21

き
北ノ又沢	仙北市	127
九階の滝	北秋田市	53
行者の滝	由利本荘市	94
金兵衛の滝	北秋田市	68

く
熊沢川	鹿角市	30
倉の沢	鹿角市	22
栗根沢	鹿角市	28
黒滝	小坂町	19
黒滝	八峰町	45
黒滝	大仙市	109
黒滝	仙北市	132
黒滝	湯沢市	149
桑原の滝	大仙市	106

こ
高穀沢	上小阿仁村	72
幸兵衛滝	北秋田市	67
五階の滝	由利本荘市	94
小黒沢	北秋田市	65
小様川	北秋田市	60
甑川	由利本荘市	98
五色滝	大館市	35
小杉沢	大仙市	112
小岱倉沢	北秋田市	62
小滝川	大仙市	107
小田代沢	湯沢市	146
コドの沢	大仙市	112
小鳥谷沢	湯沢市	144
小根津戸雄滝	鹿角市	23
小根津戸離滝	鹿角市	23
小火沢	由利本荘市	95
小比内沢	藤里町	39
小堀内沢	大仙市	108
小又川	秋田市	82
小又峡	北秋田市	56
子吉川源流	由利本荘市	85
小和瀬川	仙北市	118

さ
逆又沢	藤里町	42
笹倉の滝	由利本荘市	99
様ノ沢	北秋田市	62
猿倉の滝	大仙市	106
三階滝	大仙市	35
三界の滝	鹿角市	22
三階の滝	北秋田市	57
三階の滝	五城目町	75
三階の滝	由利本荘市	84
三十三尋滝	湯沢市	151
三条の滝	由利本荘市	89
三滝	大仙市	114
三滝沢	湯沢市	148
三の沢	秋田市	76
三ノ又沢	八峰町	46

し
四十八滝	北秋田市	49
下滝ノ沢	北秋田市	49
シトナイ沢	仙北市	130
志渕内沢	北秋田市	69
清水沢	北秋田市	69
ジャコイシ沢	大館市	32
朱ノ川	由利本荘市	89
障子倉沢	仙北市	127
白糸の滝	北秋田市	67
白糸の滝	秋田市	82
白糸の滝	にかほ市	101
白糸の滝	大仙市	114
白雪川	にかほ市	104
次郎滝	由利本荘市	92

道路情報などお問い合わせ先一覧

秋田県および出先機関

秋田県建設部道路課	018-860-2483

（秋田県「あきたのみち情報」のHPを参照）

鹿角地域振興局	0186-23-2316
北秋田地域振興局	0186-62-1834
山本地域振興局	0185-52-6109
秋田地域振興局	018-860-3471
由利地域振興局	0184-22-5439
仙北地域振興局	0187-63-8141
平鹿地域振興局	0182-32-6209
雄勝地域振興局	0183-73-6168

市町村（代表電話）

小坂町	0186-29-3901
鹿角市	0186-30-0203
大館市	0186-49-3111
藤里町	0185-79-2111
八峰町	0185-76-2111
能代市	0185-52-2111
北秋田市	0186-62-1111
上小阿仁村	0186-77-2221
五城目町	018-852-5100
秋田市	018-863-2222
由利本荘市	0184-24-3321
にかほ市	0184-43-3200
大仙市	0187-63-1111
仙北市	0187-43-1111
美郷町	0187-84-1111
横手市	0182-35-2111
東成瀬村	0182-47-3401
湯沢市	0183-73-2111

［冬期間の通行止め区間］

国道341号線八幡平アスピーテラインの玉川温泉方面
（天気・道路の状況により変わる場合があり、また夜間の通行止めもある）

国道342号線東成瀬村から岩手県境までの栗駒道路

あとがき

今まで多くの滝を妻と共に巡ってきました。
沖縄西表島、屋久島から北海道まで、
そして世界最大の滝イグアスの滝まで見て来ました。
どの滝も落差、規模ともにすばらしく感動を覚えました。
しかし秋田には他にはない滝の魅力があります。
多く残る自然から流れ出す水がやがて一枚の岩を削り
芸術的ともいえる滝をつくり上げています。
「桃洞の滝」「安の滝」などに代表される名瀑は、
比類なき美しさを持っています。
本書をきっかけに滝を巡り、秋田の滝の持つ美しさ、繊細さ、
清らかさ、ダイナミックさを体感していただければ幸いです。
最後に、出版に際して貴重な助言をいただいた小笠原嵩先生、
秋田魁新報社の大和田滋紀さん、
いつも滝などへ同行しアドバイスをくれる小谷部光男さん、
高橋悦徳さん、高橋義春さん、土谷諄一さん、中泉学さん、
アキタネーチャーズクラブの本田信夫さん、佐々木均さん、松岡裕さん、
そしてどこへ行くにも一緒だった亡き妻に心から感謝いたします。

2015年 初夏

佐藤 俊正

著者プロフィール

佐藤 俊正（さとう・としまさ）

1948年 秋田県大館市比内町生まれ。

1971年 日本大学経済学部卒業。

1974年 秋田県庁に入庁。

2008年 秋田県庁退職。

県庁勤務当時から滝や高山植物、朝日・夕日などの写真を撮り始める。

現在、アキタ・ネーチャーズクラブ代表。

趣味は写真、書道、読書、登山、釣り。

著書に「あきた滝300」「陽光」。

現住所　秋田県大館市比内町大葛字森越15

ホームページ「Nature of akita」で検索

メール tosimasa.s@nifty.com

フォトガイド名瀑紀行
あきたの滝 500

著　　　者	佐藤 俊正
発　行　日	2015年6月22日 初版
発　　　行	株式会社 秋田魁新報社
	〒010-8601 秋田市山王臨海町1-1
	TEL 018・888・1859（出版部）
	FAX 018・863・5353
定　　　価	本体2,000円＋税
印刷・製本	秋田協同印刷 株式会社

乱丁、落丁はお取り替えします。
ISBN978-4-87020-372-3　C0026　￥2000E